親子で楽しんで、
驚くほど身につく！

こどもせいかつ百科

監修・田中昌子
モンテッソーリで子育て支援
エンジェルズハウス研究所所長

講談社

はじめに

監修・田中昌子
（モンテッソーリで子育て支援 エンジェルズハウス研究所所長）

子どもが生活に関する身の回りのことを、自分でできるようになってほしい、というのは、子育てをする親に共通の願いです。子どもは何もできないから大人がやってあげなければ、何もわからないから大人が教え込まなければ、と思っている人も多いでしょう。でも、それでは子どもはなかなか自立できません。

まずは、子どもを観察して子どもから学ぶこと

子どもには、自然のプログラムとして、自己教育力が備わっています。子どもは、自分の成長に何が必要かをよくわかっていて、それを獲得するために、特別に敏感な感受性を発揮する時期（「敏感期」という）があります。

なかでも幼児期は随意筋（意志によって動かすことのできる筋肉）を思いのままに動かしたい、つまり、自分の行動の主人公になりたいと強く望む時期です。子どもがティッシュペーパーを引き出し続けたり、容器に入れた砂を別の容器に延々と空け移したりする行動には、発達的な意味があります。人間はこうした手を動かす作業によって自分自身を形成し、人格をつくりあげていくのです。

このことを発見したのは、20世紀の幼児教育に大きな影響を与えたマリア・モンテッソーリ（1870～1952年）です。医師でもあったモンテッソーリは、多くの子どもたちを科学的な視点で観察・研究し、それを見つけました。

まず、子どもをよく観察してみましょう。子どもがやりたがっていること、いま、必要なことが見えてきます。大人が子どもから学び、必要な援助をすることで、子どもは驚くほどスムーズに日常の活動ができるようになっていきます。「やってみたい！」という気持ちに応えて十分に経験させてあげましょう。

環境を整えればきっとできるようになる

大人がすべきことは、環境を整えるだけといっても過言ではありません。環境には、物的環境と人的環境があります。物的環境としては、子どものサイズにあった使いやすい道具を用意す

ることが大切です。

例えば、ひとりで顔を洗おうとする子どもには、洗面台に踏み台を置いてあげたり、手の届くところに専用のタオルをかけてあげたりします。子どもサイズといってもおもちゃではなく、「やってみたい」と思わせる、本物で魅力的なものを準備します。

食器などは、なるべく陶器やガラスを使うとよいでしょう。「皿やコップは割れるものだ」ということを知り、大切に扱うようになります。また、４～６歳は知性が活発に働く時期です。同じものをあわせる、段階づける、分類するといった要素を物的環境の中に入れてあげることで、子どもは活き活きと動き出すでしょう。

人的環境として大切なことは、大人が動作を区切ってゆっくりやってみせることです。くどくど説明するのではなく、的確な短い言葉を選び、動きで伝えましょう。子どもにやってほしいことは、まず大人がやってみせてあげましょう。

子どもがひとりでできるような環境を整え、やってみせることで、学びたい欲求のある子どもは、必ずできるようになります。環境を整える手間がか

ガラスのポットから注ぐ
線でぴったり止めることで、自己抑制ができるようになります。本物で魅力的な用具を使って、自分でできることが嬉しいのです。

ふきんをかける
ふきんの線は折るときだけでなく、かけるときの目安にもなります。

箸やトングの練習
単に空け移すだけではなく、形で分類する、色をあわせるといった要素を入れてあげると、知性が働きます。

かって大変と思うかもしれませんが、何から何までやってあげなくてすむようになるので、結果的に大人は、とても楽になります。

子どもの主体性を尊重し、適切な援助をする

大人は、子どもに「あれをしなさい」「これをしなさい」と、指示命令する一方で、子どもがやりたがっていることを、「それはあぶない」「これは汚い」と、否定しがちです。でも、子ども自身で主体的にやりたいことを決めるのが、自立への第一歩。子どもは、やりたいことを尊重され、「やった！」「できた！」という経験を積み重ねることで、自信を持ちます。その自信が自己肯定感を育(はぐく)み、次のステップへとつながり、思いやりの心も生まれます。

しかし、子どもを尊重し、自由に任せるというのは、何をやってもよいという放任とは違います。ある程度の制限を設け、その中で自由に選びとれるようにしてあげると、子どもは目を輝かせて取り組むことができます。自分が選んだものには、最後まで責任を持ってやりとげる、根気や集中力も、そこが出発点となります。

子どもの成長は、自然のプログラムといいましたが、植物はせっかく種をまいても、放りっぱなしでは枯れてしまいます。水をやりすぎてもだめ、日光に当てなくてもだめ、適度な世話が欠かせません。

子どもへの対応も同じで、大人の関わり方が大切です。子どもは自然からもらったプログラムを宿題としてやっているのだと思えば、大人が干渉する必要はありません。肯定的な目で子どもを観察できるようになるだけで、子どものことがよくわかり、子育てが楽しくなってくるでしょう。

本書は、子どもが日常の活動をするときに、どのような道具を使い、どのように指先を動かし、どのように子どもに働きかけや援助をしていけばよいのか、その方法とコツをわかりやすく紹介しています。4～6歳くらいまでに身につけたい「生活」の基本を取り上げていますが、年齢にこだわる必要はありません。子どもが興味を持ったことから始めてみてください。

幼児期にたくさんの可能性の種をまき、子どもが自分自身で伸びていくのを楽しみに待ちながら、見守ってあげましょう。

子どもへの「働きかけ」3つのくふう

1 子どもが、やりたがっていることを見つける

大人がさせたいことを押しつけてしまいがちですが、出発点はいつも子どもです。まずは子どもをよく観察してみましょう。

2 環境を整え、となりで実際にやってみせる

子どもの手にあった用具、サイズ、高さなどを整えてから、どのように動けばできるようになるか、やってみせてあげましょう。

3 意思を確認し、活動を見守る

無理強いはせず、活動するかどうかは、自分の意思で決めさせましょう。活動が始まったら集中をじゃませず、可能なかぎり見守りましょう。

※箸の練習のしかたは、24ページ。

「やってみせる」ときのポイント

動作を分析してゆっくり見せる

単なるスローモーションではなく、いくつの動作でできているのかを分析し、動作ごとに区切って見せましょう。

動作と言葉は切り分ける

説明や名称はごく短く伝え、動作をするときは話さず、見ることに集中させましょう。

準備・活動・片付けを順序立てて見せる

持ってくるところから片付けまでを、言葉で指示するのではなく、実際にやってみせましょう。

※本書は、モンテッソーリ教育をヒントに、家庭でもできる子どもへの働きかけのコツや、サポートのしかたを提案していますが、紹介している手順は、活動のポイントを表したもので、モンテッソーリ教育の「提示（提供）」と同じものではありません。また、各項目の対象年齢に関しても、モンテッソーリ教育で目安としている年齢とは異なる場合があります。

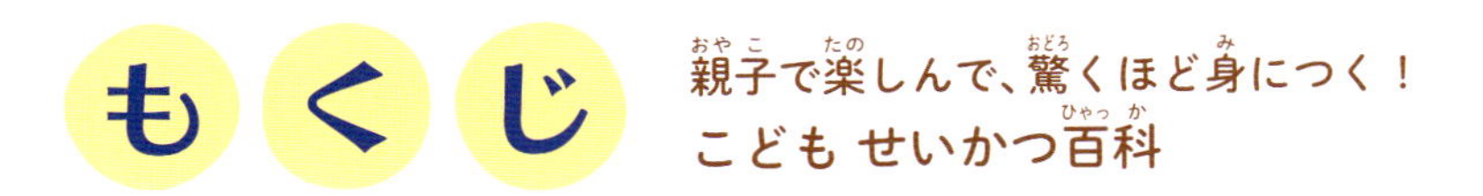

子どもの興味や成長にあわせて取り組んでみましょう

おはなしに
でて くる
きょうだい

みおちゃん
〈4さい〉

たけしくん
〈小学校1年生〉

りょうりや
せんたくを
する ときは

エプロンを
つけようね！

エプロンは、まだ後ろで結ぶことができないうちは、ひとりで着脱できるように、ひもの代わりにゴムなどを使ったものを用意してあげましょう。

本書の説明は、右ききの子ども向けになっています。左ききの子どもには、左右逆にして説明してあげてください。また、本文中の「おうちのかたへ」と（ ）内の茶色の説明は、大人に向けたものです。

！ 刃物や尖ったもの、火、アイロン、トースターなど、安全の配慮が必要なものを使うときは、必ず大人と一緒に活動するようにしてください。

おはなし

ひとりで　したくが　できるよ！

きのう、みおちゃんは　4さいに　なりました。
たんじょうびプレゼントに、おとうさんから
めざましどけいを　もらいました。

おうちのかたへ

朝の支度が遅いと、つい急かしてしまいがちですが、子どもの活動は自分の意思で行うことが大切です。例えば、次ページの8コマ目のように選択肢を示してあげるとよいでしょう。時計を見て、どの数字までに支度をするかを決めたら、時計の数字の横に自分でシールを貼って印をつけ、目で見てわかりやすいようにしましょう。

おとうさん、おはよう！
きのう おとうさんと
セットした
めざましどけいで
おきられたの。
ありがとう
それは
よかった！
5

いただきます！
6

あしたも ひとりで
おきられるかな
とけいが あるから
だいじょうぶ
7

いま、ながい はりが
「9」の ところに
あるでしょう？
くるっと まわって、
「2」「3」「4」の、
どこまで きたら
でかける？
とけいに シールを
はって みて
えーと、
「3」の ところ
8

たんじょうびに したい こと

1ねんは、ちきゅうが　たいようの
まわりを　1しゅうする　じかんだよ。
たんじょうびは　1ねんに　いちど。
たんじょうびに、ちきゅうぎを　もって、
としの　かずだけ、かぞくの　まわりを
まわって　みよう。ことし、できるように
なりたい　ことは　なにかな。
みんなに　おはなしして　みよう。

あさ

ひとりで　おきよう

おこされずに　ひとりで　おきると、きもちが　いいね。
はやおきすると、あわてずに　したくが　できるよ

せいかつリズム（りずむ）を　ととのえよう

あさ、きまった　じかんに　おきる　ためには、
きそくただしい　せいかつを　する　ことが　たいせつだよ。

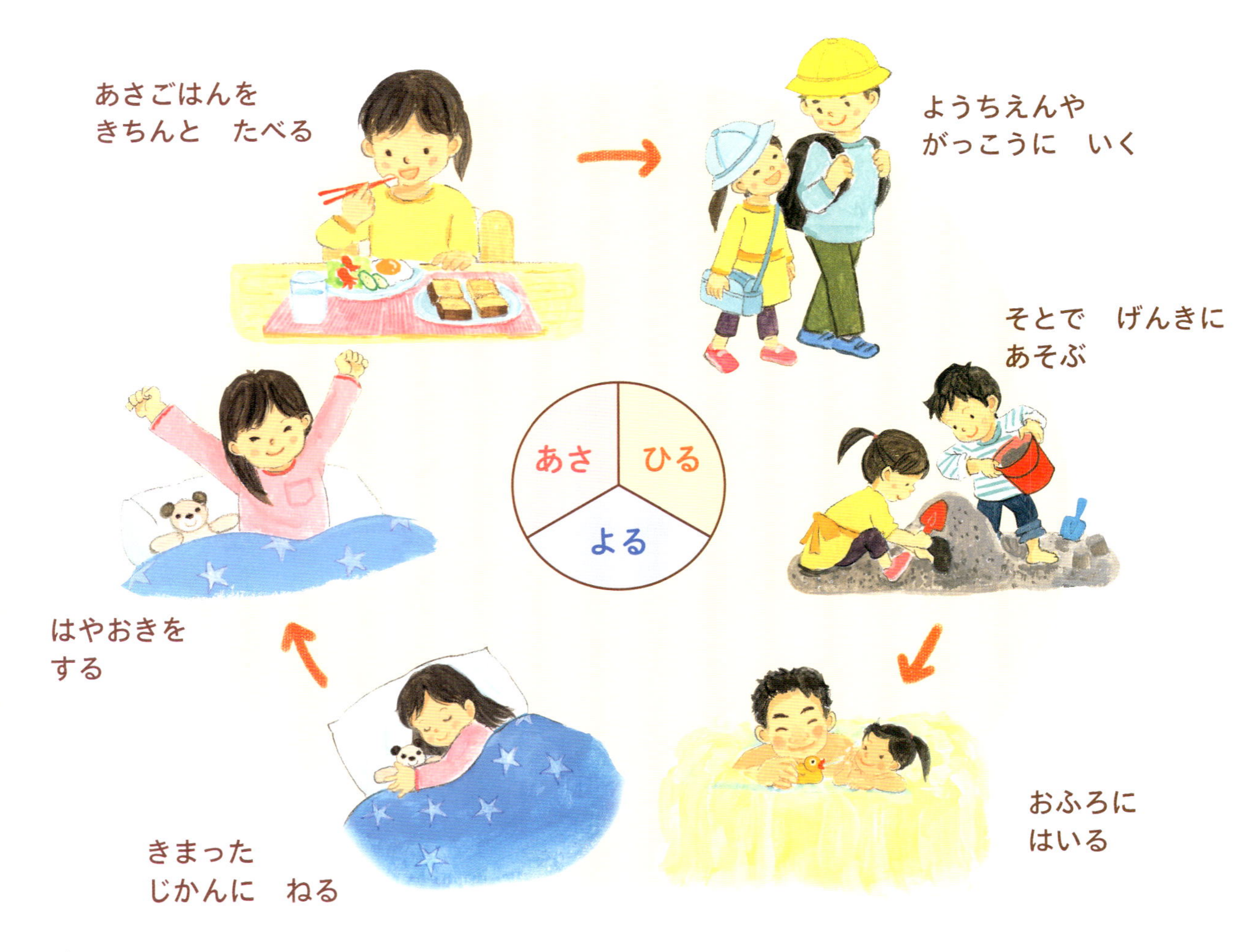

おうちのかたへ

生活リズムを整え、十分な睡眠を取るように心がけましょう。睡眠をうながすメラトニンというホルモンは、昼間にしっかり太陽の光を浴びることで、夜によく分泌されます。目覚まし時計を使ってひとりで起きることは、自立への第一歩です。4歳くらいから、始めてみてください。時計は、数字が算用数字で、1分ずつ目盛りのあるものを使うとわかりやすいでしょう。

とけいの　よみかた　めざましどけいを　じぶんで　セットしよう。

みじかい　はりは、
「なんじ　なんぷん」の
「なんじ」を　あらわす。
すうじと　すうじの
あいだに　ある　ときは、
まえの　すうじを　よむよ。

ながい　はりは、
「なんぷん」を　あらわす。
1めもりは　1ぷんだから、
「6」を　さした　ときは、
30ぷん。
「6」の　とき　だけは、
「はん」とも　いうよ。
1じかんの　はんぶんと
いう　いみだよ。

ながい　はりは、1しゅう　まわると　60ぷん。
これを　1じかんと　いうよ。
みじかい　はりは、2しゅう　まわると　24じかん。
24じかんは、いちにちだよ。

じかんを　きめて　やって　みよう

あさの　したくや、
ねるまでに　する　ことの
じかんを　きめよう。
おうちの　ひとと　いっしょに、
じかんを　かいた　カードを　つくり、
おおきな　かみに　はって
おくと　わかりやすいね。

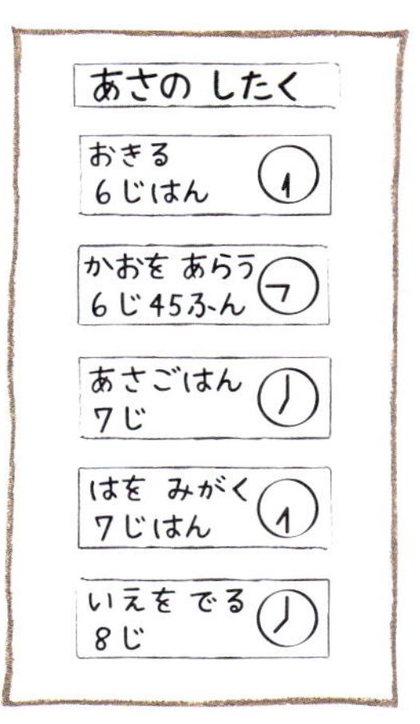

かおを　あらおう

あさ、かおを　あらうと、すっきりと　めが　さめるよ。
めやにや　ほこりを　おとして、きれいに　しよう

かおの　あらいかた

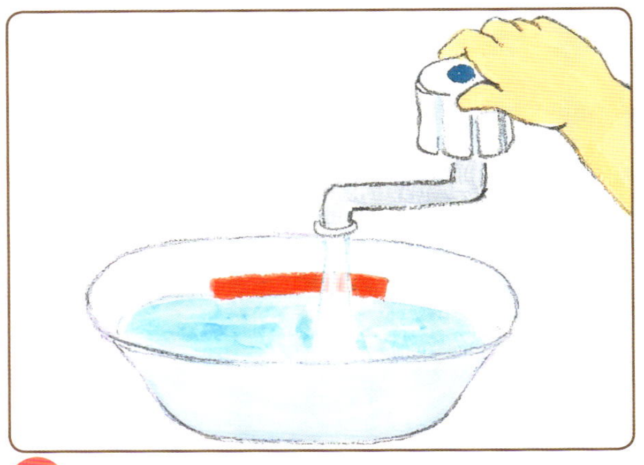

1 ふくの　そでを　めくる。じゃぐちを
ひねり、せんめんきに　みずを　いれる。
（洗面器に水位の印をつけるとよい）

2 ゆびを　ぴったり　くっつけて、
おわんの　かたちを　つくる。

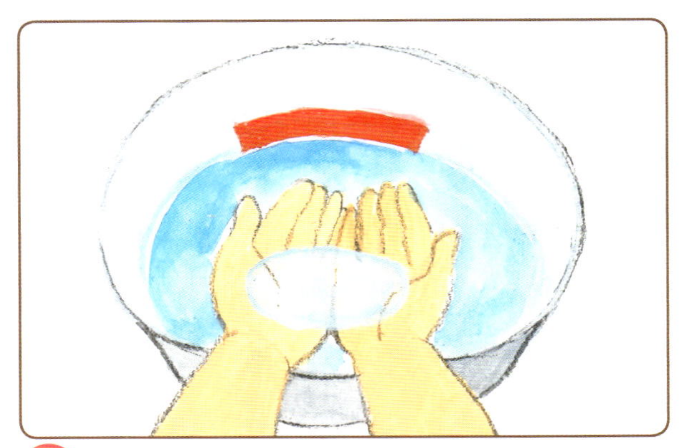

3 てで　みずを　すくう。

4 かおを　せんめんきに　ちかづけ、
みずを　かおに　はこぶ。

おうちのかたへ

子どもの身長にあわせて、洗面台に踏み台（滑りにくいもの）を用意したり、タオル掛け（吸盤付きのものを使用すると、壁や扉などにもつけやすい）を子どもの手の届く低い位置に設置したりして、使いやすい環境を整えてあげましょう。洗面器には、細く切ったビニールテープを貼っておくと、水位の目安になってよいでしょう。

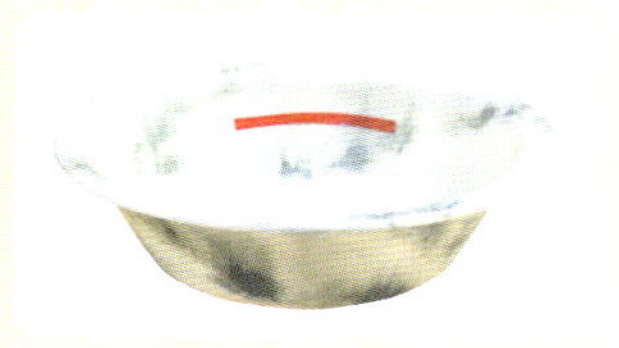

5 てで　かおを　ふくように　して、
こすって　あらう。

6 タオルで　かおを　おさえるように
して、よく　ふく。

せんめんだいを　つかったら

ぬれて　しまった　ところは、
スポンジや　ふきんで
ふいて　おこう。
かみのけが　おちて　いたら、
ティッシュペーパーなどに
くるんで、ごみばこに
すてようね。
つぎの　ひとが　きもちよく
つかえるように、
きれいに　して　おこう。

📖 ふきんの　つかいかたは、40ページ

みだしなみを　ととのえよう

かがみを　みて、みだしなみが　ととのって　いるか、
たしかめて　みよう

かがみで　みて　みよう

かおは　よごれて　いないかな。
めやにや　はなみずが
でて　いたら、
ティッシュペーパーで　ふこう。
かみのけが　みだれて　いたら、
ブラシで　とかそう。

かみのけの　とかしかたは、20ページ

でかける　まえは　おおきな　かがみで

ぜんしんを　うつして、みだしなみを
チェックして　みよう。ボタンは　きちんと
とまって　いるかな。まえだけで　なく、
うしろや　よこも　たしかめよう。おかしな
ところが　あったら、じぶんで　なおそうね。
リボンは　うしろで　むすべなくても、
まえで　むすんでから、くるっと　うしろに
まわす　ことも　できるよ。

ひもの　むすびかたは、37ページ

おうちのかたへ

子ども用の鏡台を用意し、ブラシ、ティッシュペーパー、ごみ箱を一緒に置いておきましょう。身支度をするときに、「鏡を見てきてごらん」といってあげると、自分で身だしなみを整える習慣が身につきます。鼻は拭いてあげるのではなく、かみ方を教えてあげてください。言葉掛けをするのではなく、最後にティッシュペーパーをごみ箱に捨てるところまでを、大人がきちんとやってみせましょう。３歳くらいから、できることを始めてみましょう。

はなの　かみかた

はなは　かたほうずつ　かもうね。
おおきな　おとを　たてないように　しよう。

1 ティッシュペーパーを
はんぶんに　おり、
りょうてで　はなに
あてる。

2 かたほうの　はなを
ゆびで　おさえ、もう
かたほうの　はなから
いきを　だして　かむ。

3 はんたいの　はなも
おなじように　かむ。

4 りょうてを　あわせて、
ティッシュペーパーを
かおから　はなす。

5 ティッシュペーパーを
たたんで、はなみずを
ふく。

6 ちいさく　おりたたみ、
ごみばこに　すてる。

あさ

かみのけを　とかそう

かみのけに　ねぐせが　ついて　いると、かっこわるいよね。
でかける　まえに、きちんと　なおそう

ブラシで　とかそう

ブラシを　あたまの
うえから　したに　うごかそう。
からまって　いる　ところは、
すこしずつ　とかすと　いいよ。
ねぐせは　みずで　ぬらして、
はねを　おさえるように　とかそう。
かみのけが　おちたら、ごみばこに
すてようね。

かみが　きれいだと、
じぶんも　あいても
きもちが　いいね

ゴムで　とめる　れんしゅうを　しよう

ラップの　しんを　つかって、れんしゅうして　みよう。
（ラップの芯は15cmくらいに切っておくとよい）

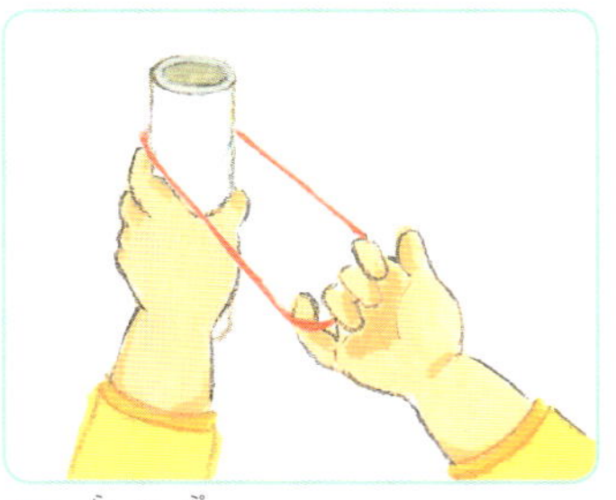

①ラップの　しんに
ゴムを　かけ、
みぎてで　ひっぱる。

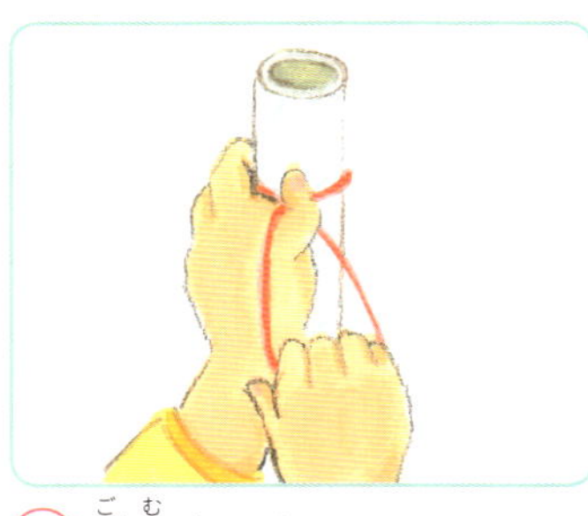

②ゴムを　ねじって、
ひだりての　おやゆびで
ゴムを　おさえる。

できた！

③おやゆびで　おさえた　まま、
しんの　うえを　とおして
ゴムを　かける。

おうちのかたへ

朝出掛ける前に、自分で髪の毛を整える習慣をつけましょう。料理をするときやバスタブに入るときに、長い髪の毛をゴムで結ぶと、髪の毛が落ちたりお湯につかったりせず、清潔で、ほかの人の迷惑にもなりません。頭の後ろで髪の毛にゴムをかけるのは難しいので、３歳くらいからラップの芯（細くて硬いものがよい）などを使い、手元を見ながら練習しましょう。できるようになったら、丸めた紙や食べ残したお菓子の袋の口を留めてみましょう。

かみのけを　むすぼう

ながい　かみのけは、ゴムで　むすぶと、うごきやすく　なるよ。
ゴムで　とめる　れんしゅうが　できたら、じぶんで　むすんで　みよう。

1 かみのけを　きれいに
ひとつに　まとめて、
ひだりてで　もつ。

2 みぎてに　ゴムを
かけて、かみのけを
もちかえる。

3 ひだりてで　ゴムを
ひっぱる。

4 ゴムを　ねじる。

5 ひだりてで
かみのけを　もつ。

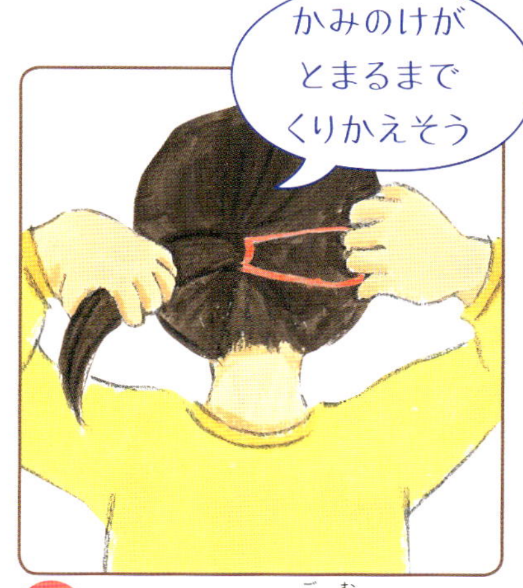

かみのけが
とまるまで
くりかえそう

6 みぎてで　ゴムを
ひっぱり、ねじって、
かみのけを　とおす。

ひとりで　ふくを　きよう

ボタン(ぼたん)を　とめられると、いろいろな　ふくを
ひとりで　きる　ことが　できるね

ボタン(ぼたん)の　とめかた　いちばん　したの　ボタン(ぼたん)から　とめよう。

（着た状態では一番上のボタンは見えにくく、掛け違いやすい。女の子用の洋服はあわせが逆）

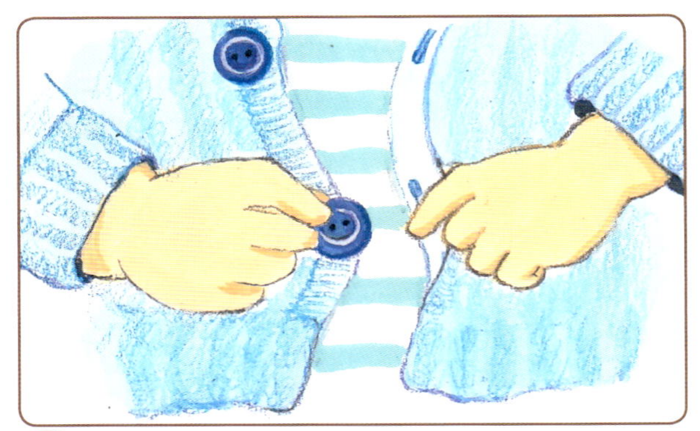

1 おやゆびと　ひとさしゆびで
ボタン(ぼたん)を　つまむ。

2 ぎゃくの　ての　おやゆびと
ひとさしゆびで、ボタン(ぼたん)の　あなを
ひろげる。

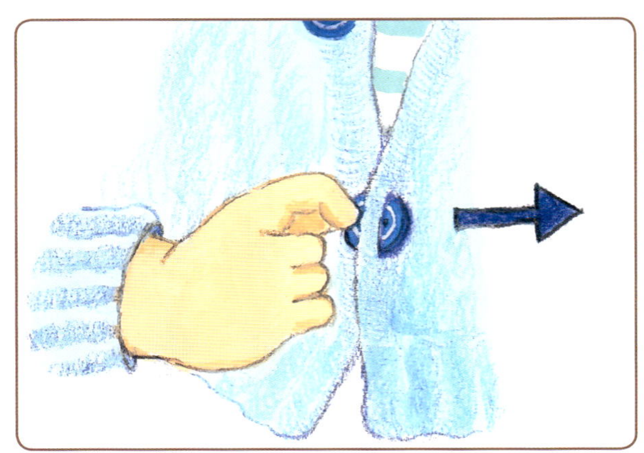

3 ふくの　うらがわから、ボタン(ぼたん)を
あなに　いれる。

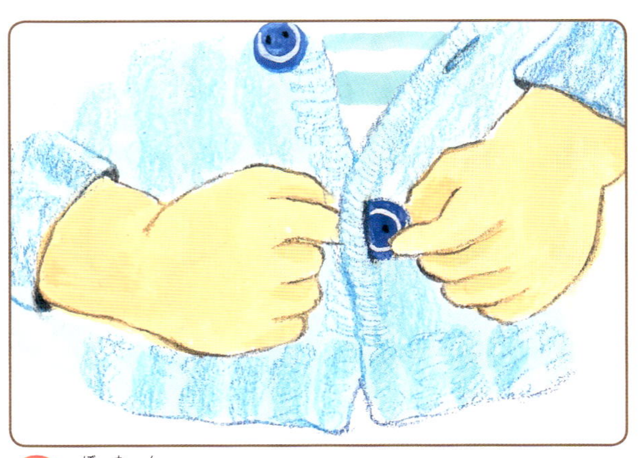

4 ボタン(ぼたん)を　ひっぱり、あなを
くぐらせる。

おうちのかたへ

就園前は、ボタンが大きく、数の少ない服を選ぶとよいでしょう。最初は、細く切ったフェルトの端に、ボタンとボタン穴（または、スナップボタン）をつけたものをたくさん作ってあげると、長くつなげられるので、繰り返し練習することができます。

スナップボタンの　とめかた

うえの　スナップ

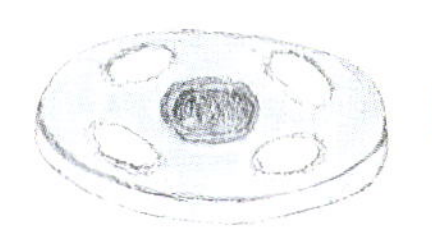

したの　スナップ

うえの　スナップの　でっぱりを、
したの　スナップの　へこみに
いれるよ。

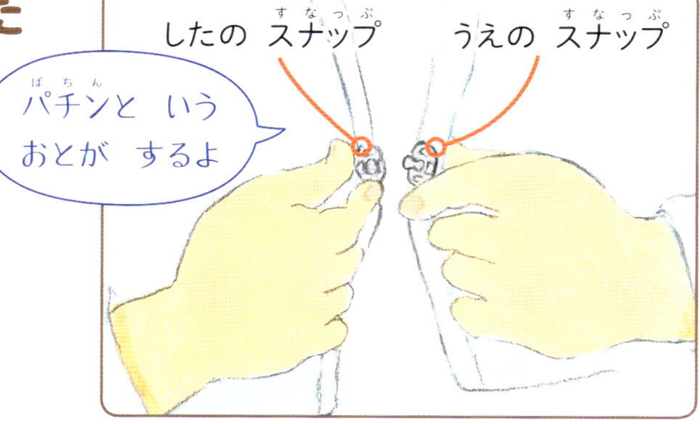

おやゆびと　ひとさしゆびで
スナップボタンを　つまんで
あわせ、おして　みよう。

くつしたの　はきかた

くつしたを　はく　ときは、いすや　だいの　うえに　すわり、
ひざを　まげて　はこう。

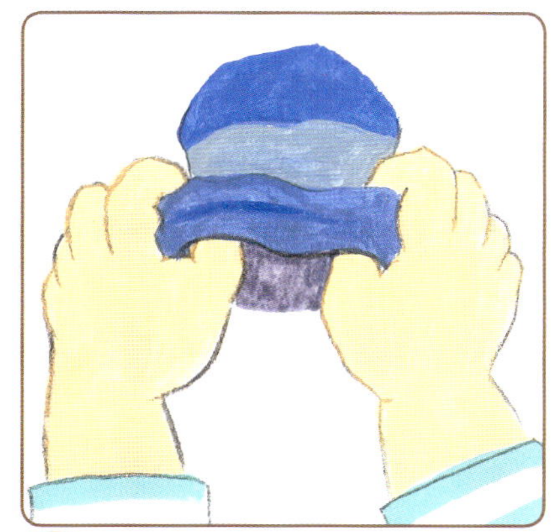

1 りょうての　おやゆびを
くつしたの　なかに
いれて、おりたたむ。

2 ひざを　まげて、
くつしたの　さきまで
あしの　ゆびを　いれる。

3 くつしたを　ひっぱり、
かかとの　いちを
あわせる。

あさ

はしを　じょうずに　つかおう

おはしを　じょうずに　つかって、
きれいに　おいしく　ごはんを　たべたいな

はしを　つかう　まえに

トング（とんぐ）で　ものを　つかむ　れんしゅうを　して　みよう。
それが　できたら、はしを　1（いっ）ぽん　もって　うごかして　みよう。

トング（とんぐ）の　れんしゅう

トング（とんぐ）で、カラー（からー）の　ぼんてんを、みぎの　さらから
ひだりの　さらへ　うつして　みよう。

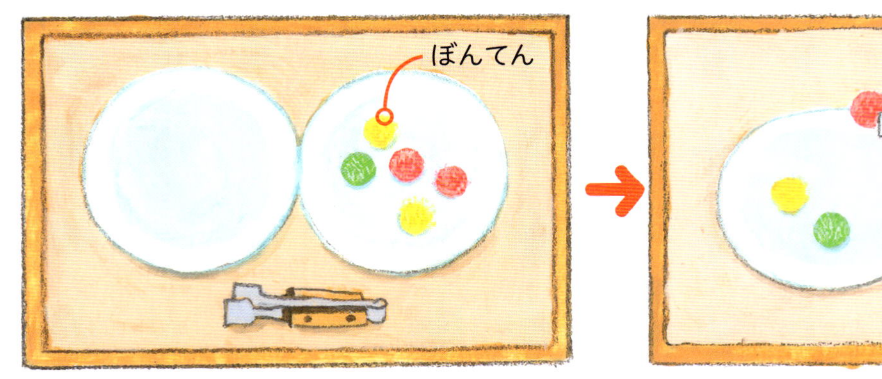

はし　1（いっ）ぽんの　れんしゅう

おやゆびと　ひとさしゆびで、はしを
1（いっ）ぽん　もち、なかゆびを　そえる。
まいにち　じょうげに
20（にじっ）かいくらい　うごかして、
れんしゅうしよう。
（手首を動かさず、箸は上下の角度が
90度くらい動かせるようにする）

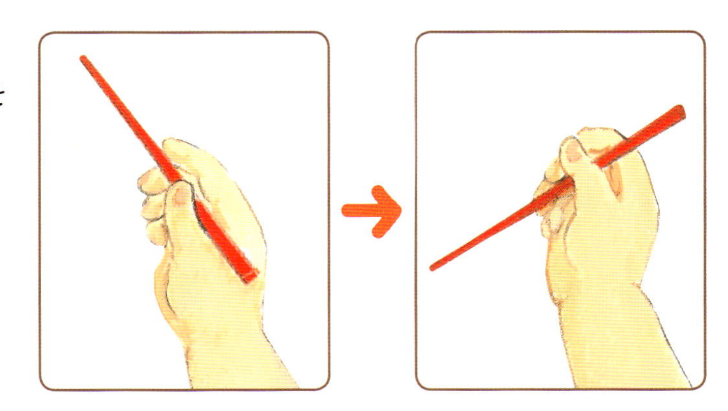

おうちのかたへ

箸や鉛筆、はさみを使うためには、親指・人差し指・中指の３本の指を自由に動かせるようにすることが大切です。箸は親指と人差し指を広げた長さの1.5倍のものを選び、食事を楽しむためにも、食事の時間以外の練習をおすすめします。箸置きを用意すると、箸が持ち上げやすくなります。3本の指の当たる場所にビニールテープで印をつけると、持つ位置がわかりやすいでしょう。

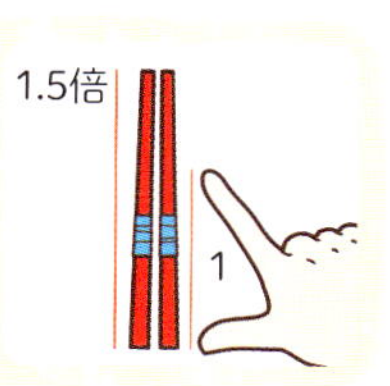

はしを　つかおう

はしの　もちかた

はしを　１ぽん　もったら、
もう　１ぽんの　はしを
１ぽんめの　はしの　したに　いれて、
くすりゆびに　のせる。

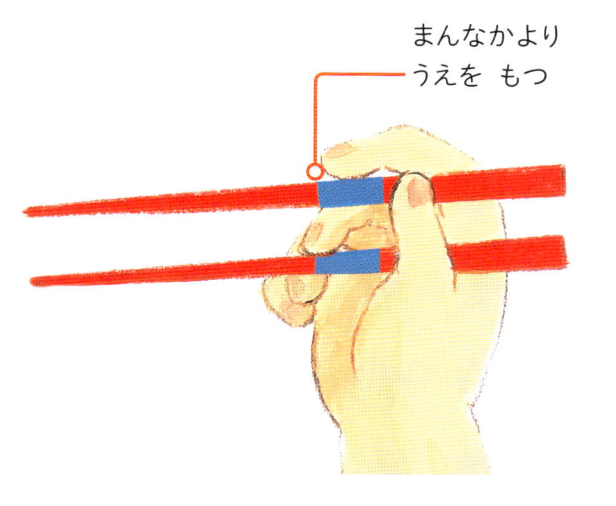

うごかしかた

したの　はしは　うごかさずに、うえの　はしだけ　うごかそう。

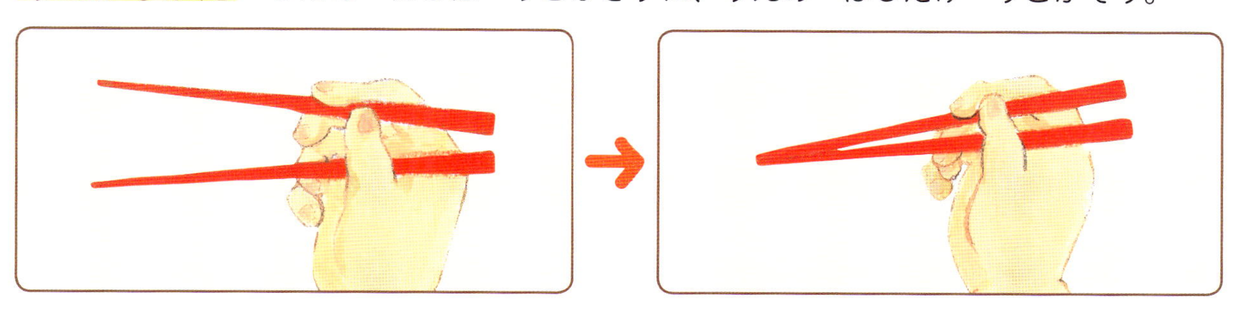

はしの　れんしゅう

はしで　ぼんてんを　つまんで、
みぎの　さらから　ひだりの　さらへ
うつして　みよう。じょうずに　なったら、
つぎは　ひだりの　さらから
みぎの　さらへ　うつそう。

あさ

あさごはんを　たべよう

あさは　ごはん？　それとも　パン(ぱん)かな？
きちんと　たべて、げんきな　いちにちを　すごそう

ごはんを　よそって　たべよう

1 みぎてで　しゃもじを　もち、
ひだりてで　ようきを　ささえる。
しゃもじで　ごはんを　すくう。
（大きなお碗やおひつにごはんを入れておく）

2 しゃもじを　かえして、
ちゃわんに　ごはんを　いれる。
たべられる　りょうを　よそおう。

「いただきます」「ごちそうさま」

「いただきます」には、いきものの　いのちを
ありがたく　いただくと　いう　いみが
こめられて　います。
また、「ごちそうさま」の　「ちそう」は、
はしりまわると　いう　いみです。
ざいりょうを　もとめ、はしりまわって
しょくじを　よういして　くれた
ひとへの、かんしゃの　きもちが
こめられた　ことばなのですね。

※語源には諸説あります。

おうちのかたへ

３～４歳から、子どもがひとりでできる環境を少しずつ整えてあげましょう。そうすれば、自分の朝ご飯の準備ができるようになっていくでしょう。ごはんをよそうときに、しゃもじをうまく返すことができるように、しゃもじの表と裏に印をつけてあげるとよいでしょう。パンを焼くトースターは、大人と一緒に使い、やけどには十分気をつけてください。

表

裏

パンを　やこう

1 トースターで　パンを　やく。
やけたら、やけどを　しないように
きを　つけて、さらに　とりだす。
（パンは焼く前に適当な大きさに切っておく）

2 ジャムを　スプーンで　すくい、
パンに　のせて　のばす。
（ジャムは小さな器に入れておく）

ぎゅうにゅうを　コップに　そそごう

1 ピッチャーを　りょうてで　もち、そそぎぐちを
コップの　まんなかに　もって　いく。
（ピッチャーに牛乳を入れ、コップに水位の印をつけておく）

2 ピッチャーを　かたむけ、
コップの　せんまで
ぎゅうにゅうを　いれる。

あさ

はを　みがこう

**むしばに　ならないように、
しょくじの　あとには　はを　みがこう**

はブラシの　もちかた

はブラシは　もちかえながら　みがこう。

まえばを　みがく　ときなど

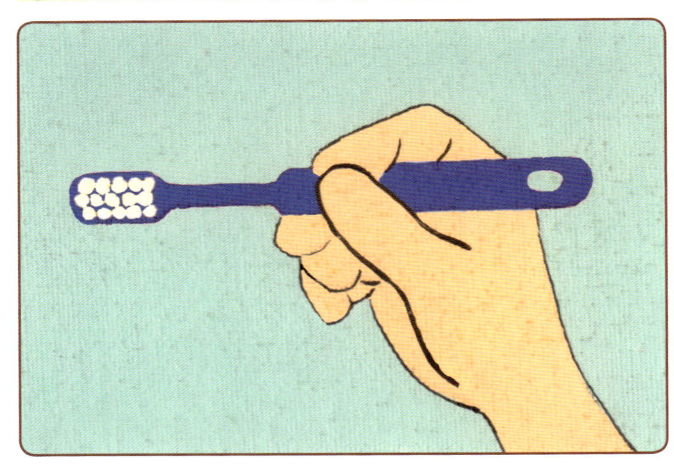

はしや　えんぴつと
おなじように、
おやゆび、ひとさしゆび、
なかゆびの
3ぼんで　もとう。

はみがきこの　りょう

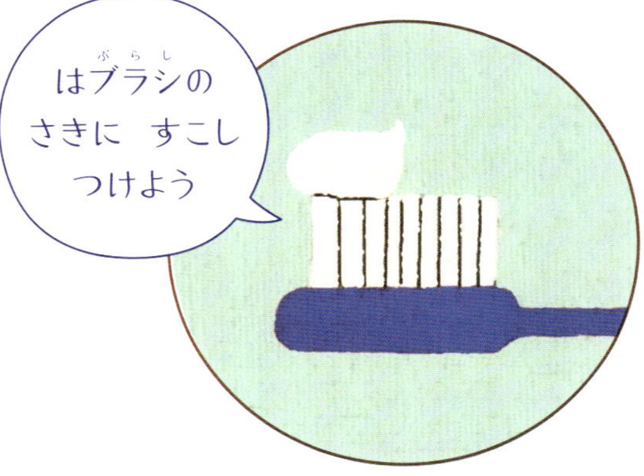

おくばや　うらを　みがく　ときなど

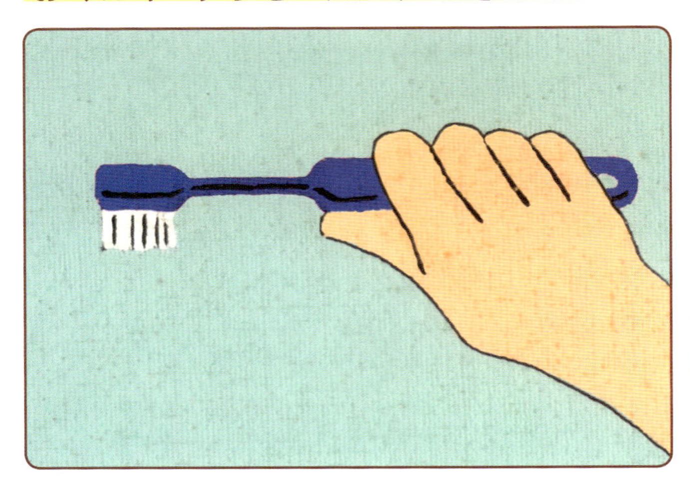

おやゆびの　はらを
はブラシの　えに　あてて、
てのひらで　つつむように
もつと、みがきやすいよ。

おうちのかたへ

歯ブラシは子ども用の良いものを数本選び、そこから自分で使うものを選ばせてあげてください。歯みがき粉は辛くないものを用意します。あぶないので、絶対に歩きながら歯をみがかないことを約束しましょう。歯みがきは2歳くらいから自分でさせるご家庭が多いようですが、じょうずにみがけるまでは、最後に大人が仕上げみがきをしましょう。歯みがきに興味がわくように、親子で自治体などが行っている歯みがきの講座に参加してもよいですね。

はの　みがきかた　はブラシを　こまかく　うごかして　みがこう。

おくば

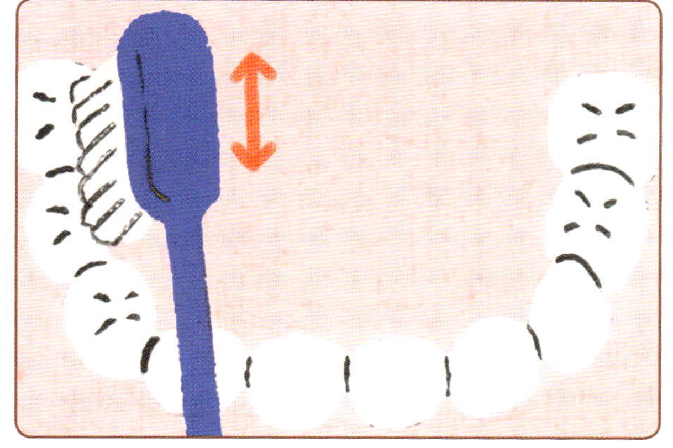

けさきを　きちんと　あてて、
おしたり　ひいたり　して　うごかす。

まえば

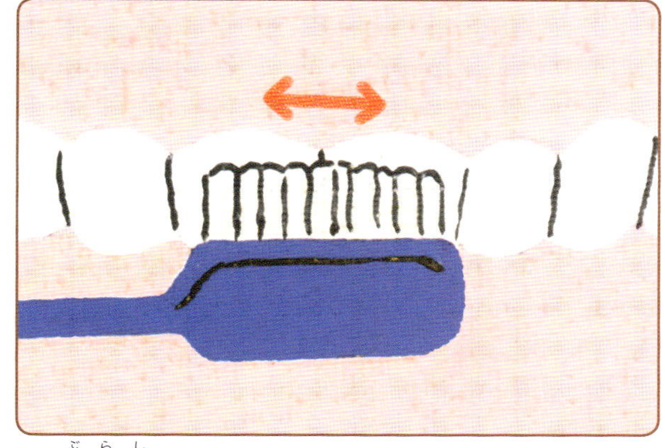

はブラシを　よこに　して、みぎや
ひだりに　ちいさく　うごかす。

はの うら

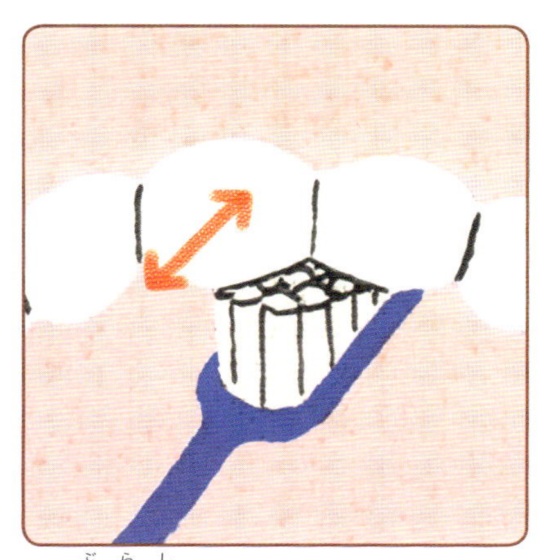

はブラシを　たてて、
かきだすように　みがく。

はと はぐきの あいだ

はブラシを　ななめに
あてて　みがく。

おわったら

はブラシを　あらって、
みずけを　きる。

あさ

トイレを　つかおう

みんなが　きもちよく　つかえるように、
トイレは、きれいに　して　おきたいね

トイレの　つかいかた

1 パンツや　ズボンを　おろして、
べんざに　すわる。

おとこのこが　たって　おしっこを
する　ときは、べんざを　あげる。

2 トイレットペーパーを
きりとり、かるく　たたむ。
（切り取る長さは、切れ目５つ分などと決めておくとよい）

3 **うんちの　とき**
まえから　うしろに
むかって　ふく。

おしっこの　とき
まえに　むかって
ふく。

おうちのかたへ

トイレットペーパーを切る長さは、具体的に「切れ目を5つ分」などと決めておきましょう。トイレは、家族みんなが毎日使う場所。よごしてしまったら、大人にいうか、トイレットペーパーで拭いてきれいにしておくように伝え、拭き方はやってみせてあげましょう。通う予定の小学校が和式トイレの場合は、入学前に外出先などで和式トイレをさがし、使ってみるとよいですね。自宅が和式トイレの場合は、立ち位置に印をつけてあげましょう。

4 おしっこや　うんちが　おわったら、みずを　ながす。
（レバーやセンサーで流すタイプもある）

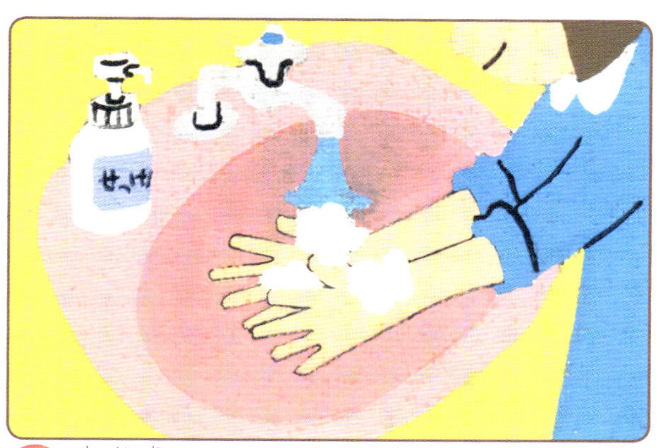

5 トイレから　でたら、かならず　てを　あらう。

てのあらいかたは、45ページ

わしきトイレを　つかう　とき

たつ　ばしょ

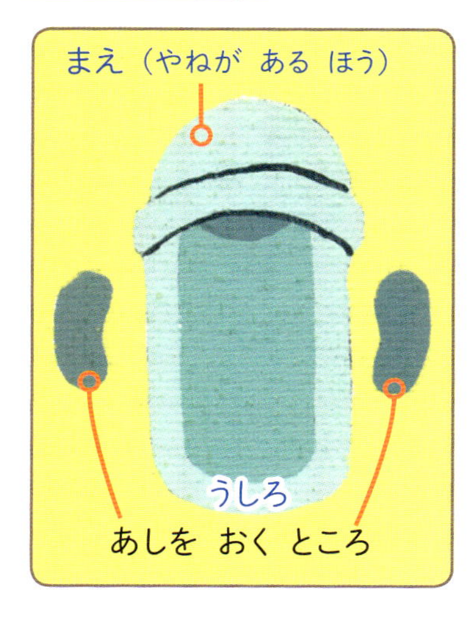

① トイレを　またぐ。
パンツや　ズボンを　おろす。

② しゃがんで　おしっこや
うんちを　する。

あさ

しょくぶつの　せわを　しよう

ぼくたちと　おなじように、はなや　きも　いきて　いる。
たいせつに　せわを　しないと、かれて　しまうよ

かびんに　はなを　さそう

はなの　ようすを、まいにち　みて　みよう。

1 せんめんきに　ピッチャー（ぴっちゃー）などで、みずを　いれる。
（洗面器に水位の印をつけておくとよい）

2 かびんに　ピッチャー（ぴっちゃー）などで、みずを　いれる。
（花びんに水位の印をつけておくとよい）

3 はなの　くきを　みずに　いれ、くきの　さきを　みずの　なかで　きる。きりくちを　みて　みよう。

はさみの　つかいかたは、60ページ（ぺーじ）

4 はなを　かびんに　さす。まいにち　みずを　かえよう。

おうちのかたへ

生き物の世話をすることは、命の大切さを感じるとてもよい活動です。水切りは４歳くらいからやってみましょう。植物は、毎日水をあげるので、命を預かる責任感も芽生えます。花びんは透明（水の量がわかりやすい）で、口の小さい一輪挿し用のもの（醤油差しでもよい）を、じょうろはにぎりやすく、子どもの体にあったサイズのものを用意してあげてください。水仙やフリージアなどの球根植物やガーベラは、茎が柔らかく切りやすい花です。

うえきに　みずを　あげよう

はっぱや　うえきばちの　つちは、かわいて　いないかな？
まいにち　みて　みよう。

❶ じょうろを　じゃぐちの　したに
おき、みずを　いれる。

❷ りょうてで、じょうろの　とってを
しっかり　もって　はこぶ。

❸ うえきに　みずを　かける。
ねもとにも　たっぷり　かける。

❹ うえきに　ぜんぶ　みずを
あげおわったら、じょうろを　しまう。

あさ

どうぶつの　せわを　しよう

きんぎょや　ハムスター(はむすたー)は、どんな　ふうに　くらして
いるのかな。せわを　しながら、かんさつして　みよう

きんぎょの　せわを　しよう

きんぎょ（わきん）

すいそうの　みずかえは、おうちの　ひとと
いっしょに　やろう。

（新しい水は、カルキぬきのものを用意しておく）

1 バケツ(ばけつ)に　みずを
いれ、すいそうから
きんぎょを　うつす。

2 みずくさが
よごれて　いたら、
とって　あらう。

3 すいそうの　みずを、
はんぶんまで
ひしゃくで　すてる。

4 あたらしい　みずを
ピッチャー(ぴっちゃー)で　いれる。

5 みずくさを　いれて、
きんぎょを　もどす。

6 えさを　やる。

おうちのかたへ

命を育てるには、責任を持って毎日定期的にえさをあげ、よく観察することが必要です。金魚の水槽にはカルキをぬいた水を使い、水槽の水と同じくらいの温度にしてから入れ替えます。動物は種類によって飼い方が少し違ってくるので、ペットショップなどで購入した場合は、お店の人に飼い方をよく聞きましょう。また、水槽やケージを洗うときは、必ず大人と一緒にすることを子どもと約束してください。

ハムスターの　せわを　しよう

ハムスターは、ひるまに　ねて、よるに　うごく　どうぶつ。
えさは　ハムスターが　うごきはじめる　ゆうがたに、
みずは　あさと　ゆうがたに　あげよう。

ハムスター
（ゴールデンハムスター）

みずを　あげる　とき

きゅうすいきを　きれいに　すすいで、
みずを　いれかえる。

えさを　あげる　とき

えさばこを　よく　あらって　かわかし、
えさを　いれる。

ケージの　そうじ

ハムスターは
きれいずきだから、
1かげつに　いちどくらいは、
よく　そうじを　しよう。
かならず　おうちの　ひとと
いっしょに　やろうね。

（ケージやえさ箱を洗剤で洗い、熱湯などで消毒して干す）

ぬのや ひもを むすんで みよう

おべんとうばこを　つつめるように　なりたいし、
サッカーシューズの　ひもも　むすべるように　なりたいな

おべんとうばこを つつもう

ぬのの　かどを
じぶんの　ほうに　むけて、
おべんとうばこを
まっすぐ　よこに　おこう。

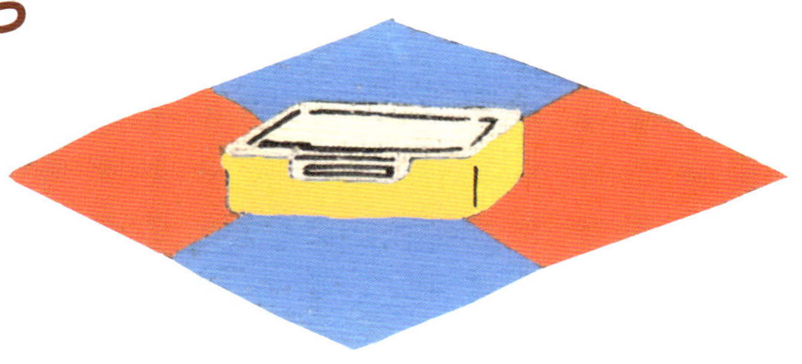

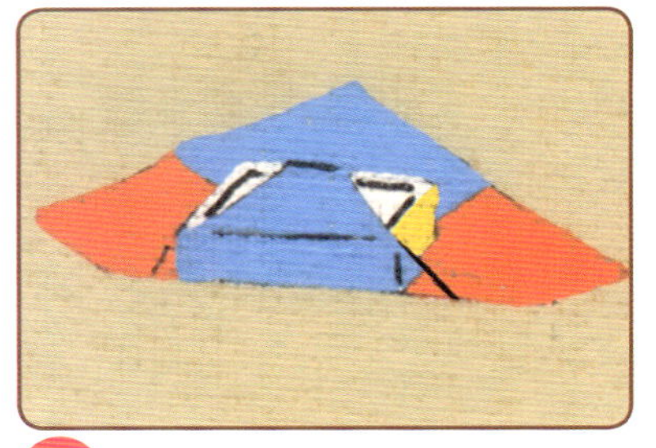

1 ぬのの　てまえを
むこうがわに　たたむ。

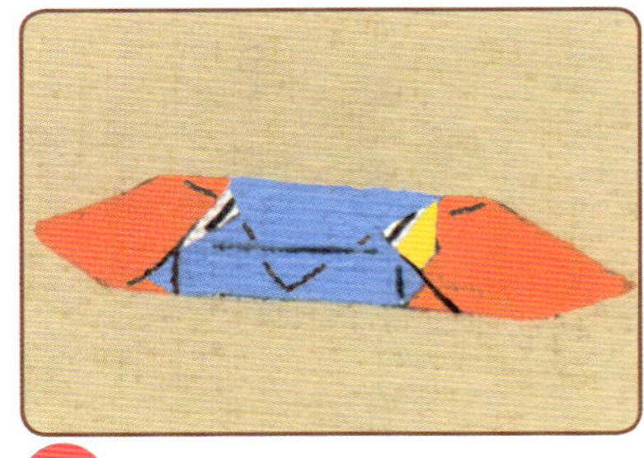

2 ぬのの　むこうがわを
てまえに　たたむ。

3 りょうはしを　もって
ばってんを　つくる。

4 みぎはしを　すきまに
くぐらせる。

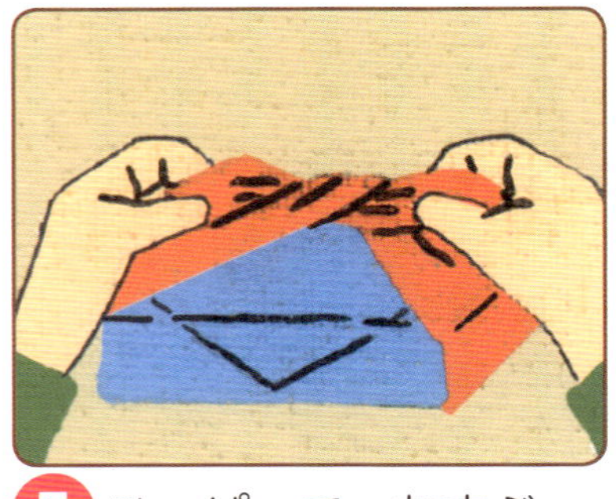

5 ひっぱって　むすぶ。

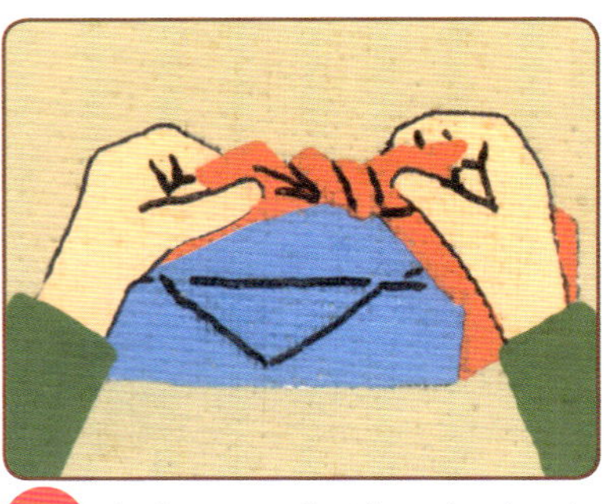

6 もう　いちど　むすぶ。

おうちのかたへ

蝶結びの練習には、対照的な色の綿テープを1本につなぎ、四角い容器の裏にビニールテープで留めたものを用意するとよいでしょう。3本くらいつけて、たくさん練習してください。容器の中心と下には、目印になるようビニールテープなどで線を入れておきます。37ページの❹の段階で手前から輪に引っかけると縦結びになるので、ここを丁寧に繰り返しやってみせましょう。

ひもを　むすぼう

ちょうむすびの　れんしゅうから　はじめよう。

（色の違う綿テープをつなぎ、容器の裏に固定しておくとよい）

❶ みぎがわの　ひもを　てまえに　して、ばってんを　つくる。

❷ みぎての　ひもを　したから　くぐらせて　ひっぱる。

❸ ひだりての　ひもで　わを　つくる。

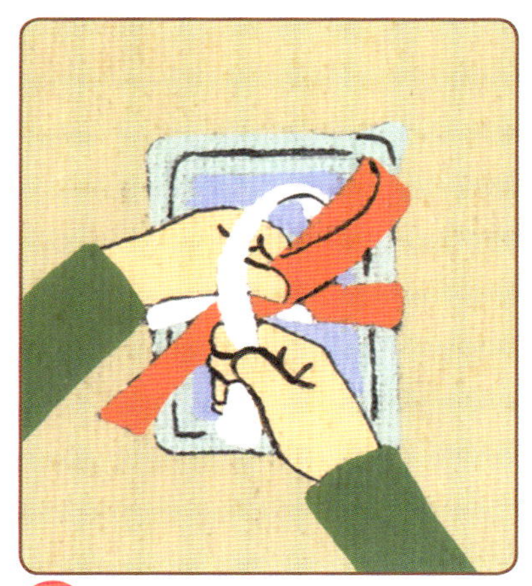

❹ みぎての　ひもを　むこうがわから　わに　ひっかける。

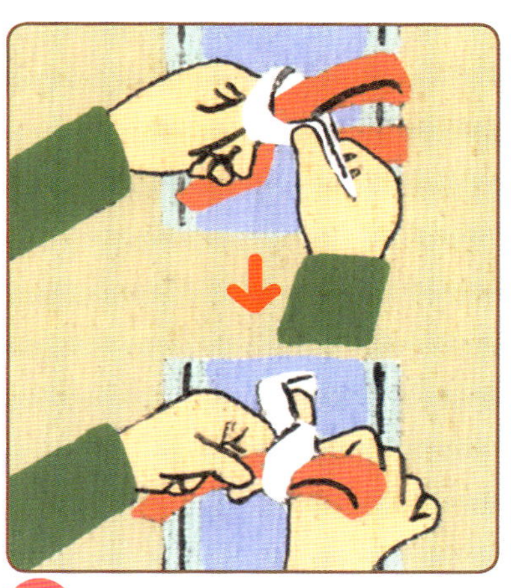

❺ できた　すきまに、❹で　かけた　ひもを　おやゆびで　おしこむ。

❻ ふたつの　わを　ひっぱる。

あさ

かさを　さそう

かさを　かたに　かけて　さすと、ぬれて　しまうね。
じょうずな　さしかたを　おぼえたいな

かさの　さしかた

かさが　ひとに　あたらないように、まわりに　ひとが　いないか
たしかめてから、かさを　ひらこう。

1 かさの　さきを　したに　する。
はじきを　おして　ひらいて　いく。
カチッ（かちっ）と　おとが　するまで
ひらくと、とめがねが　とまる。

2 かさを　からだの　ちかくに
よせて、まっすぐに　もとう。
えの　まがって　いる　ほうを
からだに　むけるよ。

おうちのかたへ

傘は先が尖っているので、ふざけて振り回したりすると、人の迷惑になるだけでなく大変危険です。どうしてきちんと傘をささないといけないか、その理由を子どもに話してあげてください。お店の中や、バスや電車の中では、人の迷惑にならないようにきちんと傘をたたみ、ひきずらずにまっすぐ持ちます。階段では特に後ろに注意しましょう。まずは、大人が見本を見せてあげることが大切です。

かさを　つかったら

たたむ　まえに　かさを　すこし　ふって、しずくを　おとそう。

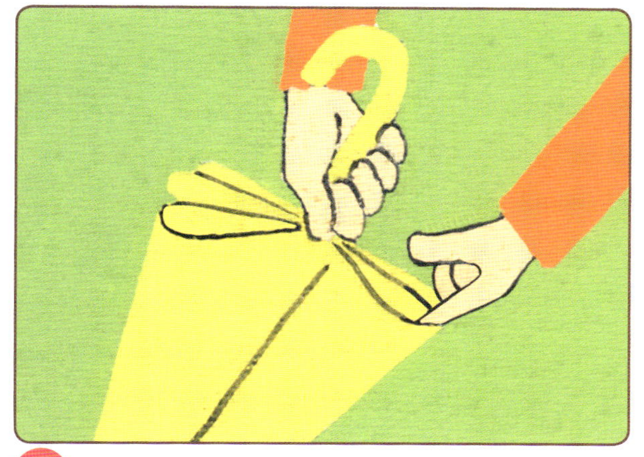

1 かさの　ひだを　ひとさしゆびで
1(いち)まいずつ　ひっぱって、
きれいに　する。

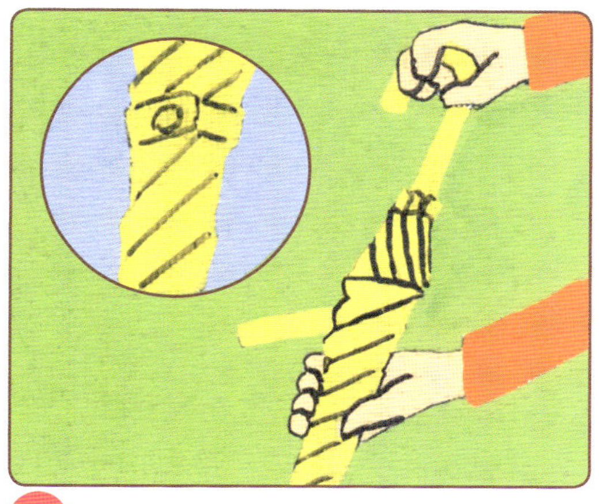

2 かさの　さきから　しぼるように
ひだを　まき、とめぐで　とめる。

もちかた

たたんだ　かさは、ふったり
ひきずったり　せず、さきを　したに
して　まっすぐに　もつ。

おきかた

とめぐを　とめて、かさたてに　たてる。
ひだを　まいて　いないと、
ほかの　かさが　はいらないよ。

おはなし

しっぱいしても だいじょうぶ！

みおちゃんは、おかあさんの コップに
おみずを いれて あげようと おもいました。

おうちのかたへ

子どもの手のサイズにあわせたふきんを、用意してあげましょう。ふきんを半分に切って、切り口をすそ上げテープではさんで留め、粗く縫っておくと使いやすくなります。右の写真のように、二つ折りにする折り線を赤、そのまた半分の折り線を青の糸などで縫っておくと、子どもは線を目印にきちんとたたむことができます。

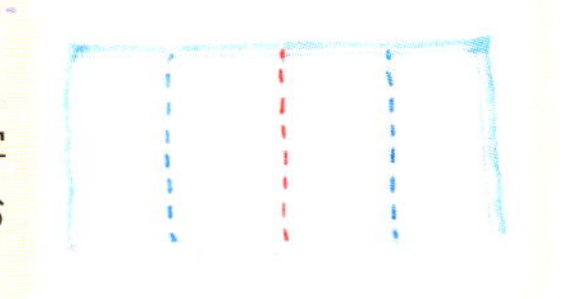

ふきんを　たてながに　おって、
したから　にぎって、
6

りょうてで　うちがわに
ぎゅっと　ひねります。
7

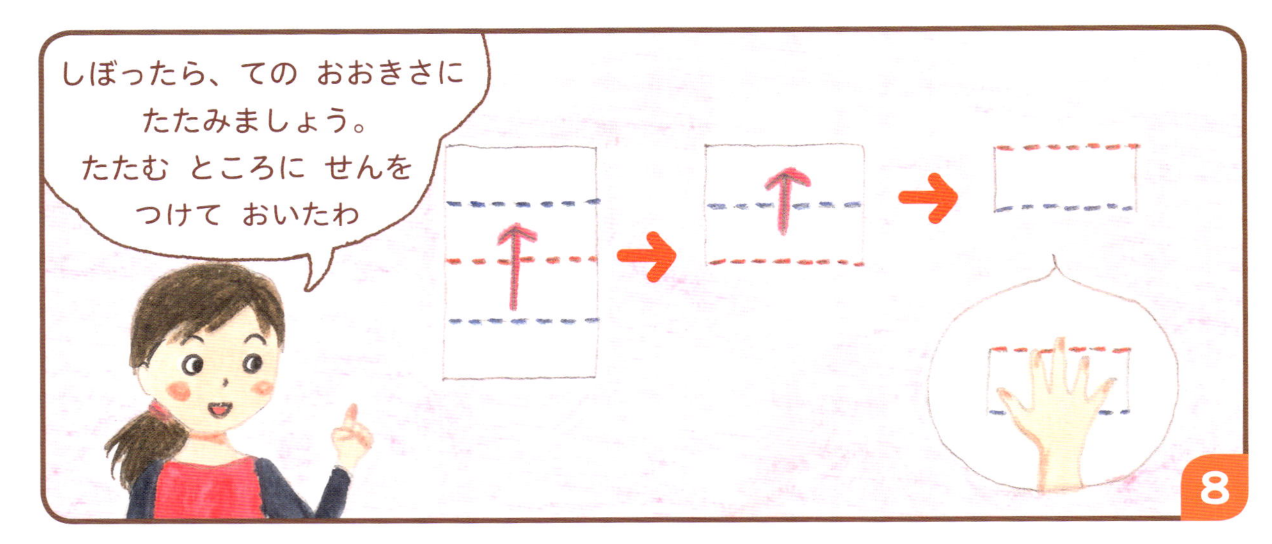
しぼったら、ての　おおきさに
たたみましょう。
たたむ　ところに　せんを
つけて　おいたわ
8

テーブル（てーぶる）は、ふきのこしが
ないように、ジグザグ（じぐざぐ）に　ふきましょう
9

さいごに
ふちも
ふきます。
10

つぎの　ひ、ようちえんで

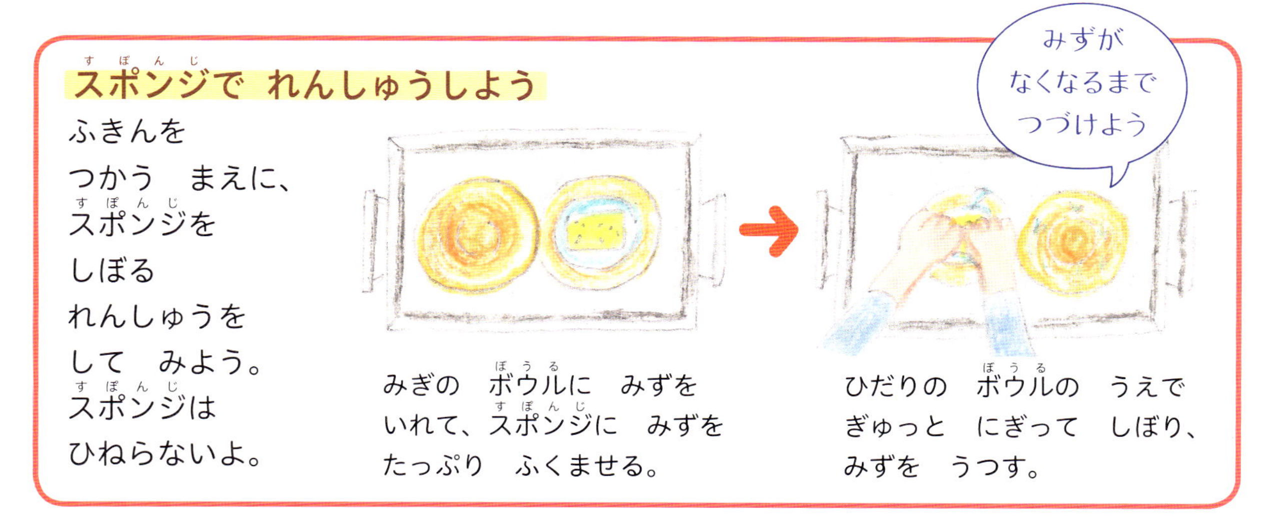

スポンジで　れんしゅうしよう

ふきんを
つかう　まえに、
スポンジを
しぼる
れんしゅうを
して　みよう。
スポンジは
ひねらないよ。

みぎの　ボウルに　みずを
いれて、スポンジに　みずを
たっぷり　ふくませる。

ひだりの　ボウルの　うえで
ぎゅっと　にぎって　しぼり、
みずを　うつす。

ひる

てあらい、うがいを　しよう

そとから　かえったら、
てあらいと　うがいを　しっかり　しよう

ばいきんを　からだに　いれない

かぜの　ウイルスなど、ばいきんが
からだに　はいると、
びょうきに　なって　しまうよ。
そとから　かえったら
てあらいと　うがいを　して、
からだに　ばいきんを
いれないように　しよう。

インフルエンザ
ウイルス
（電子顕微鏡の写真）

こわいなあ

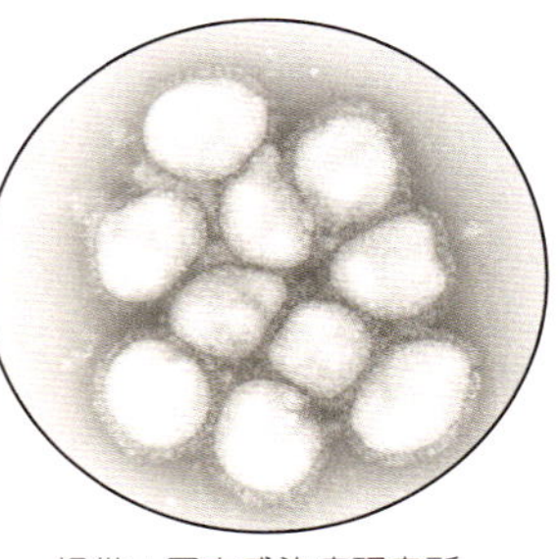

提供：国立感染症研究所

うがいを　しよう

1 くちを　すすぐ

くちに　みずを　いれ、みぎや　ひだりに
なんども　うごかしてから、はきだす。

2 のどを　すすぐ

くちに　みずを　いれ、うえを　むいて、
「あー」と　こえを　だしてから、はきだす。

おうちのかたへ

病気を防ぐには、ウイルスや細菌を体の中に入れないことが大切です。外から帰ったときには、手洗いとうがい、トイレから出たときには、手洗いをする習慣をつけたいですね。子どもは、清潔にしておくことの必要性を理解し、気持ちよさを感じれば、自分からすすんで手洗いをするようになります。手を洗うときは、せっけんをしっかり泡立てることが大切です。ウイルスや細菌は泡に付着します。流水でしっかりと洗い流しましょう。

てを　あらおう

しょくじの　まえや　トイレから　でた　ときも、
てを　あらおう。

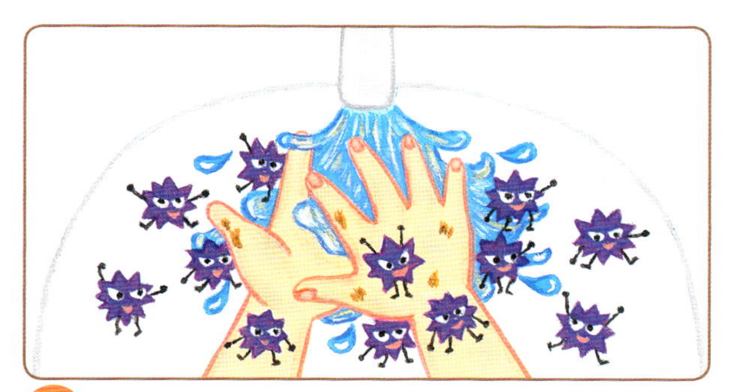

1 みずで　てを　ぬらす。

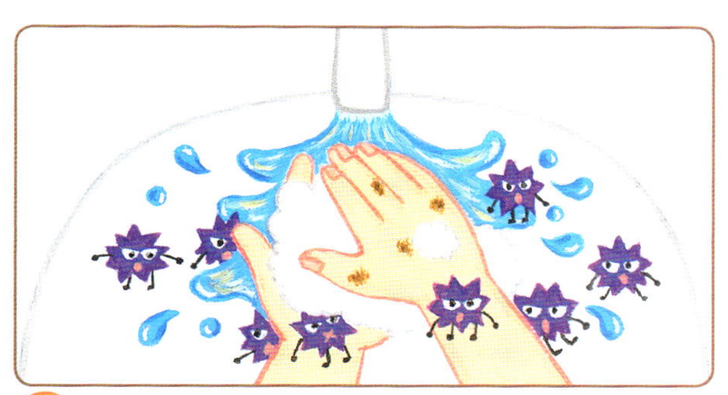

2 せっけんを　あわだてる。

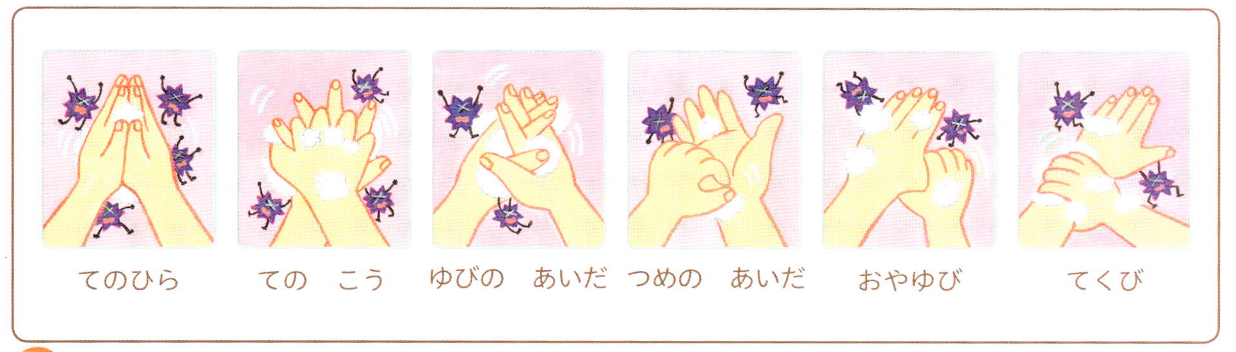

3 しっかりと　てを　あらう。

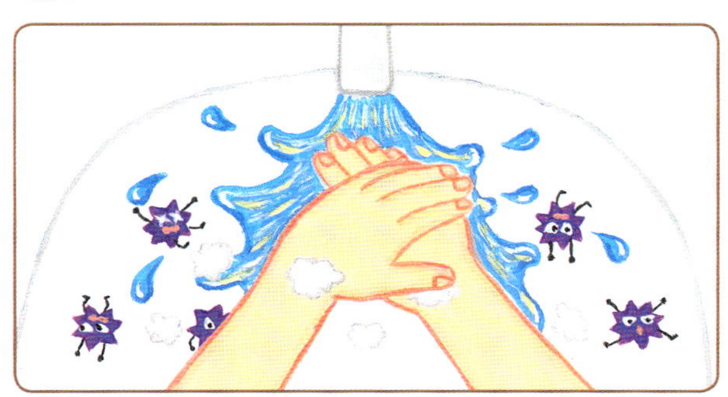

4 あわが　なくなるまで　みずで　ながす。

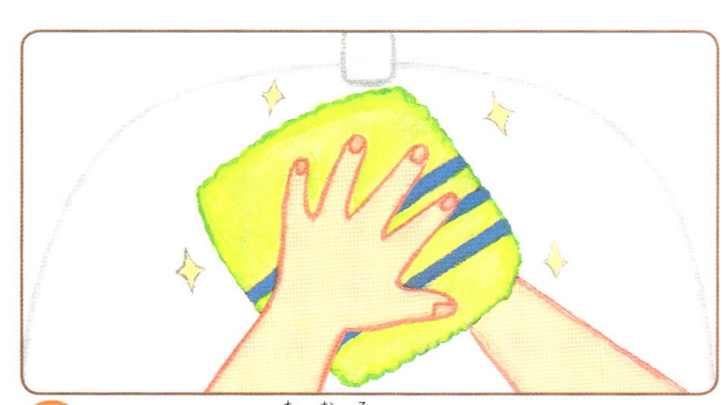

5 きれいな　タオルで　よく　ふきとる。

ひる

げんかんを　きれいに　つかおう

くつを　きちんと　そろえて　ぬぐと、げんかんが
きれいだね。ともだちの　いえでも　そろえて　ぬごう

くつの　ぬぎかた

1 まえを　むいた　まま
くつを　ぬぐ。

2 からだを　すこし　ななめに　して
しゃがみ、りょうほうの　くつを　もつ。

3 くつの　むきを　はんたいに　して
ぴったり　そろえる。

でかける　ときに、
はきやすいよ。

おうちのかたへ

子どもが取りやすい高さのげた箱の棚に、季節にあった子どもの靴を入れておくと、その日にはく靴を自分で選ぶことができます。クリアファイルの中に靴底の形の絵を入れたもの（写真右）や、コルクボードに油性ペンで靴底の形を描いたものを、玄関の隅に置いてみましょう。靴を脱ぎ散らかさずに、形にあわせてきちんと置くことができます。

くつを　かたづけよう

すぐに　はかない　くつは、
げんかんの　はしに　おくと、
ほかの　ひとの　じゃまに　ならないよ。

あまり　はかない　くつは、
げたばこに　しまって　おこう。

あめで　くつや　かさが　ぬれて　しまったら

くつは、ぬれた　ところを　ぬので　ふく。
くつの　なかに　しんぶんしなどの
かみを　いれて、みずけを　とる。

とばないように
しっかりと
ひっかけて
ほそう

かさは、かぜとおしの　いい　ひかげで、
ひらいて　ほす。かわいてから　しまおう。

ひとと　はなす　ときの　やくそく

きんじょの　ひとや　ともだちと　きもちよく
おつきあいする　ために は、　どう　したら　いいかな。

あいさつを　しよう

まちで　しって　いる　ひとに　あったら、
あいさつを　しよう。
あさは　「おはよう　ございます」、
ひるは　「こんにちは」、よるは　「こんばんは」。

なにかを　たずねる　とき

なにかを　たずねる　ときには、
「すみません」と　いって、
こえを　かけよう。

おうちのかたへ

幼稚園、学校と、子どもの世界が広がっていきます。礼儀作法は、相手を思いやる気持ちを伝えるもの。あいさつをいやがる子どももいますが、大人が見本を見せつづけると、真似をして自然とできるようになっていきます。

そばに いって はなそう

まちで、ともだちを　みかけても、
おおきな　こえで　なまえを
よぶのは　やめよう。
そばに　いってから、はなしかけよう。

ひとを ゆびさささない

ひとを　ゆびさすのは、やめよう。
さされた　ひとは、いやな
きぶんに　なるよ。

「どうぞ」と「ありがとう」

ひとに　なにかを　あげたり、
ゆずったり　する　ときは、
「どうぞ」と　いおう。
おれいは、あいての　めを　みて、
「ありがとう」と　いおうね。

ひる

うわばきを　あらおう

うわばきを　じぶんで　きれいに　あらって、
きもちよく　はこう

うわばきの　あらいかた

おふろばなど、ぬれても　よい　ばしょで
あらおう。

1 バケツに　みずと　せんざいを
いれて、かきまぜる。
（バケツに水位の印をつけておくとよい）

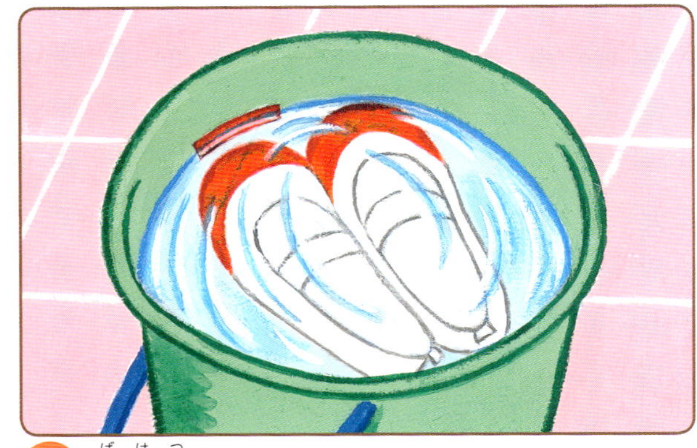

2 バケツに　うわばきを　いれて、
しばらく　つけて　おく。
（つける時間は洗剤の表示を参考に）

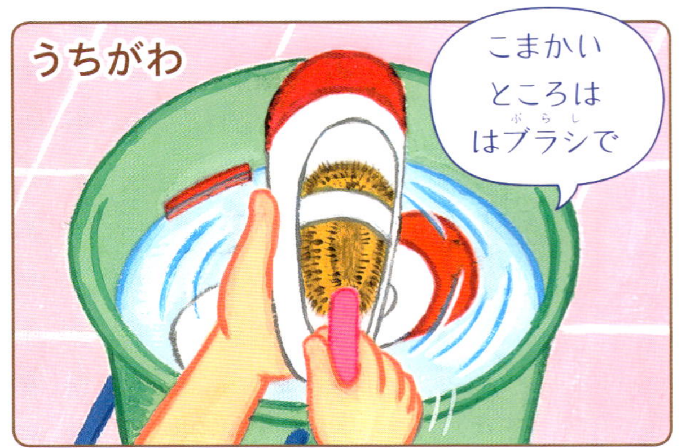

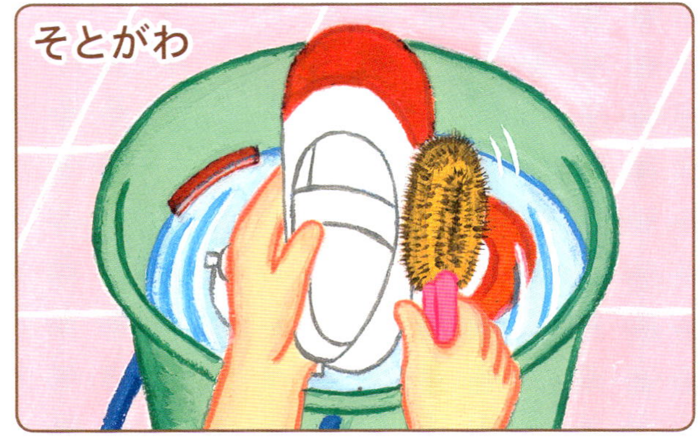

3 ブラシを　みぎてで、うわばきを　ひだりてで　しっかりと　もつ。
ブラシで　うわばきの　うちがわや　そとがわを　こする。

おうちのかたへ

洗剤は使う分だけを別に用意しておきます。よごれの落ち具合、すすぎの具合などは、子どもに見せながら一緒に確かめ、よい頃合いを身につけていきましょう。洗剤につけておく時間や濃度は、洗剤の表示を確認してください。手あれが心配な場合は、ビニール手袋を使いましょう。古い歯ブラシを使う場合は、子どもに「この歯ブラシは、もう歯みがきには使わないよ」ときちんと伝えてから使います。小学校に入る前に始めるとよいでしょう。

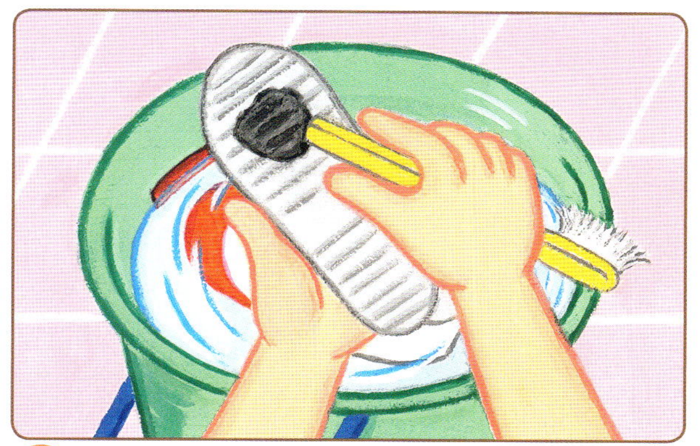

4 そこも　こする。みぞなどに
こびりついた　ごみは、
はブラシの　えで　こする。

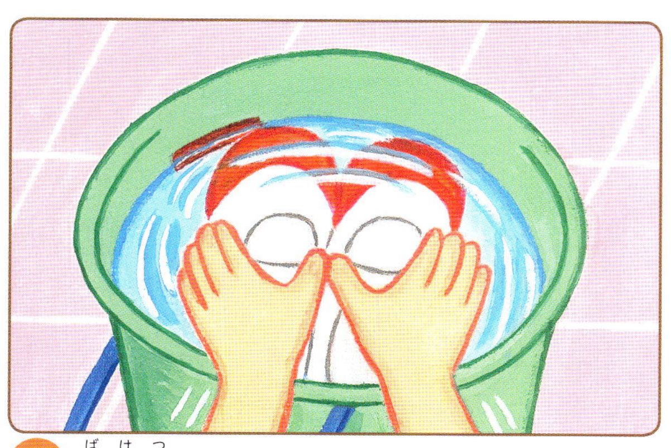

5 バケツの　みずを　とりかえて、
うわばきを　おしながら　すすぐ。

6 みずを　とりかえて、あわが
でなく　なるまで　すすぐ。

7 かぜとおしの　いい　ひかげに　ほす。
かかとを　したに、たてかけよう。

ひる

せんたくを　しよう

かぞくみんなの　くつしたも、あらって　あげよう。
みんな　よろこぶかな

くつしたの　あらいかた

おふろばなど、ぬれても　よい　ばしょで
あらおう。

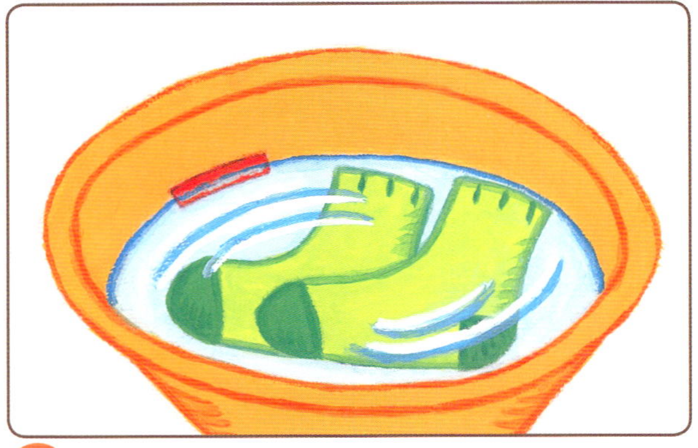

1 せんめんきに　みずと　せんざいを
いれて、かきまぜる。
（洗面器に水位の印をつけておくとよい）

2 せんめんきに　くつしたを　いれて、
しばらく　つけて　おく。
（つける時間は洗剤の表示を参考に）

せんたくいたで　あらう　とき

てで　あらう　とき

3 くつしたの　よごれて　いる　ところを、せんたくいたに　おしつけ、
じょうげに　うごかす。せんたくいたが　ない　ときは、てで　こすりあわせる。

おうちのかたへ

洗濯は、自分のものだけでなく家族のものを洗うことで、家族の役に立っているという喜びが生まれます。4～5歳になったら、靴下やハンカチなど、洗いやすいものから始めましょう。洗剤は使う分だけを別に用意しておきます。また、子ども用の小さな洗濯板を用意してあげると、よごれを落としやすくなります。洗濯ばさみのついたピンチハンガーは、子どもの背丈にあわせ、手の届く高さに設置してあげましょう。

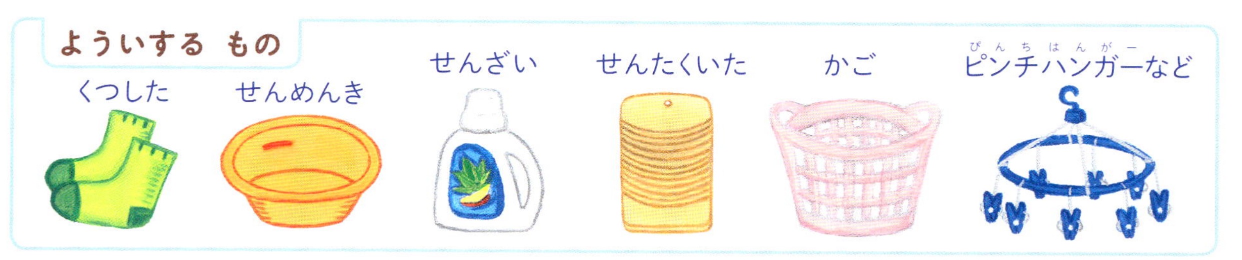

ようい する もの
くつした
せんめんき
せんざい
せんたくいた
かご
ピンチハンガーなど

4 せんめんきの みずを とりかえて、くつしたを おして すすぐ。

5 また、みずを とりかえて、あわが でなく なるまで すすぐ。

6 くつしたを しぼり、かごに いれる。

📖 しぼりかたは、42ページ

7 せんたくばさみで はさんで、かぜとおしの いい ところに ほす。

ひる

アイロンを かけよう

アイロンを かけると、ハンカチの しわが ピンと のびて、とても つかいやすく なるよ

アイロンの かけかた

おうちの ひとが アイロンの スイッチを いれたら、すなどけいを さかさに しよう。すなが ぜんぶ おちたら、アイロンの スイッチを きって もらおう。

アイロンを つかう ときの やくそく

アイロンの コンセントや スイッチは、おうちの ひとに いれて もらおう。

アイロンは あついので、もつ ところだけを さわるように しよう。

おなじ ところに、ずっと あてて おかない こと。ぬのが こげて しまうよ。

おうちのかたへ

アイロンがけは、早ければ4歳くらいから始められますが、できれば小さなサイズのもの（旅行用など）を用意してあげましょう。コードレスアイロンでない場合は、コンセントをぬいて使います。温度を確かめるためにアイロンに手をかざすと、子どもが真似をして触ろうとするのでやめましょう。砂時計は時間を計るだけでなく、目で時間を感じることができます。最初はやけどをしないように、両手でアイロンの取っ手を持ってもよいでしょう。

よういする もの

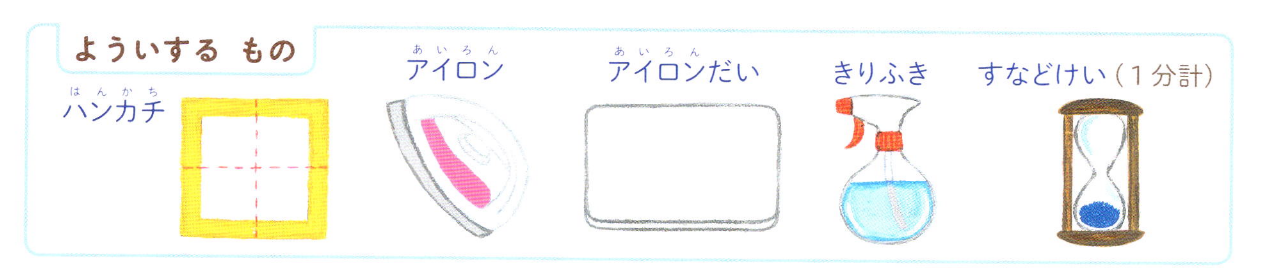

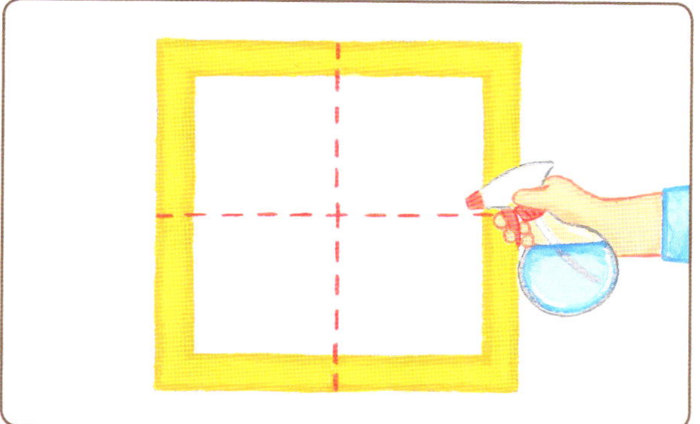

1 ハンカチを　アイロンだいに のせて、きりふきで　3かい　ふく。
（最初はハンカチの折り目に縫い取り線をつけたものでやるとよい）

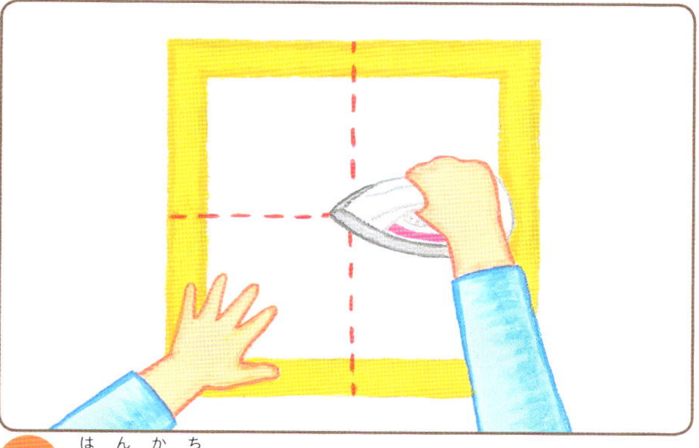

2 ハンカチを　ひだりてで　おさえて、アイロンを　おしつけながら うごかす。ひだりてに　ちかづいたら とめる。

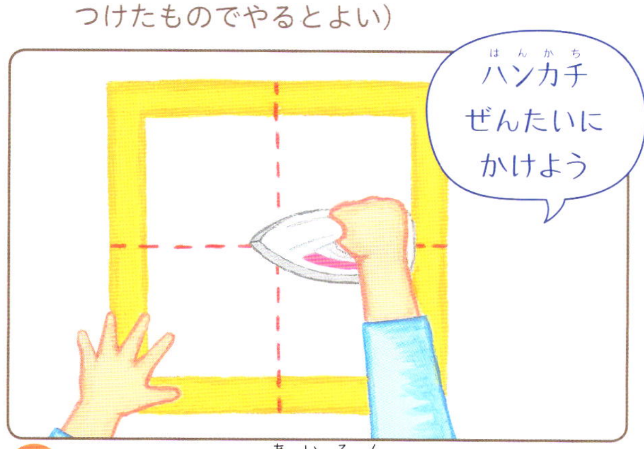

3 ひだりてを　アイロンから　はなす。 また　アイロンを　うごかす。

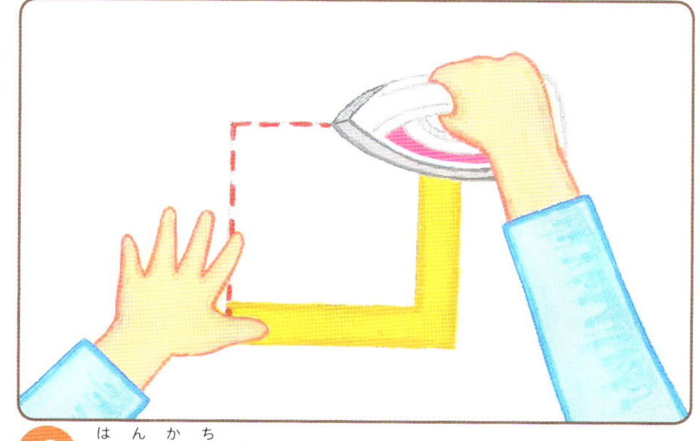

4 ハンカチを　おって、おりめに アイロンを　あてる。

ひる

せんたくものを たたんで しまおう

ふくを　きれいに　たたんで　おくと、
しわの　ない　ふくを　きる　ことが　できるよ

たたみかた

フェイスタオル

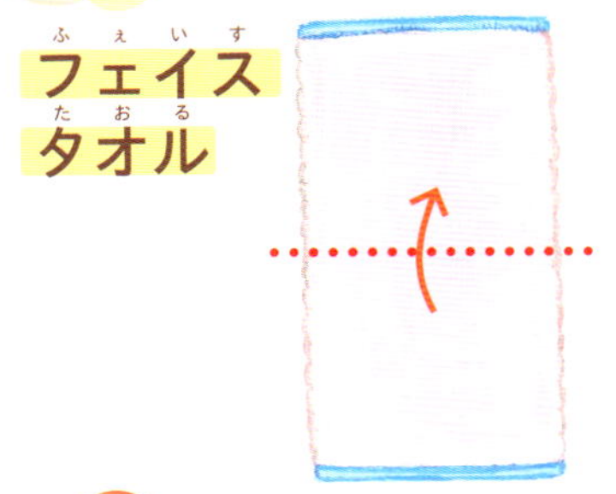

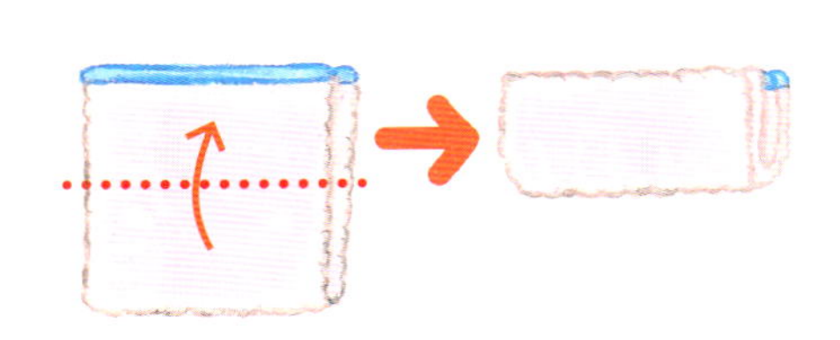

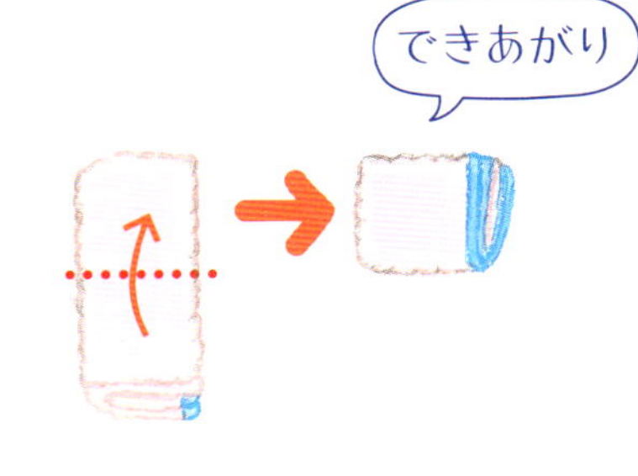

1 したから　うえに
はんぶんに　おる。

2 もう　はんぶんに
おる。

3 むきを　かえて、したから
うえに　はんぶんに　おる。

くつした

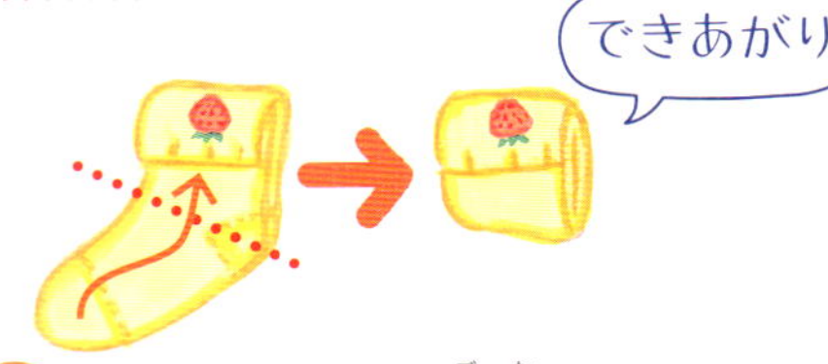

1 みぎと　ひだりを
かさねる。

2 うえの　ほうを
いっしょに　おる。

3 つまさきを　ゴムの
なかに　いれる。

ズボン

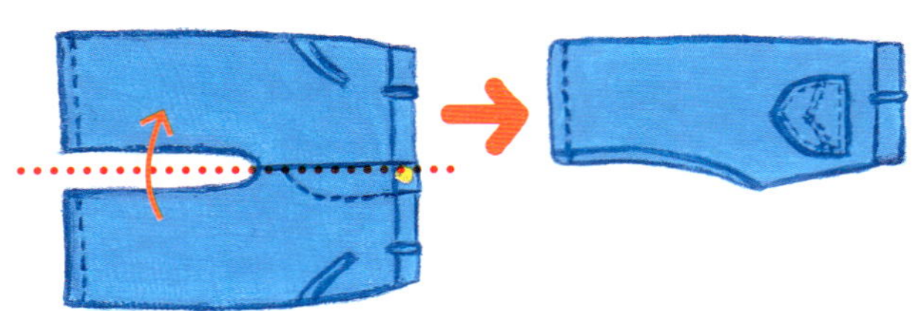

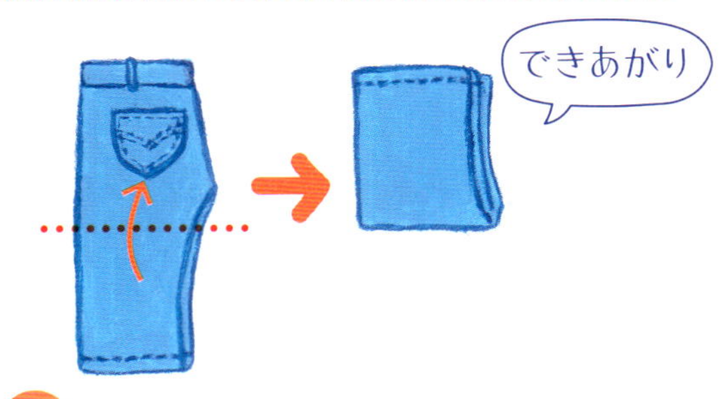

1 したから　うえに　おり、みぎと
ひだりの　あしを　かさねる。

2 むきを　かえて、すそから
こしへ　はんぶんに　おる。

おうちのかたへ

服やタオルは、下から上にたたむほうが、子どもはきれいにたためます。たんすや衣装ケースの引き出しに、中身がわかるように絵や写真を貼っておくと、子どもの知性が働き、同じところにしまえるようになるでしょう。また、ティーシャツやシャツは、内側にたたむほうが途中でくずれず、きれいにたたむことができます。紹介したたたみ方は一例です。ご家庭の収納スペースにあわせた方法を、子どものとなりで、やってみせてあげましょう。

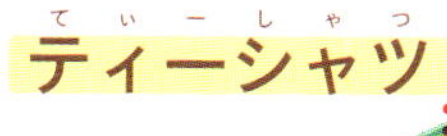

ティーシャツ

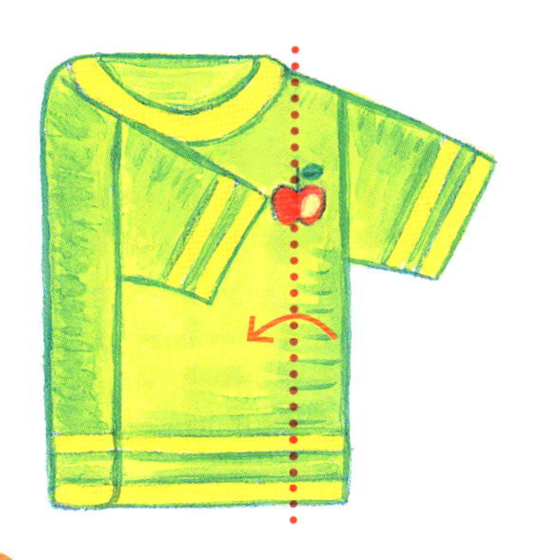

1 ティーシャツを　つくえの　うえに　おいて、てんせんで　おる。

2 はんたいがわも　おなじように　おる。

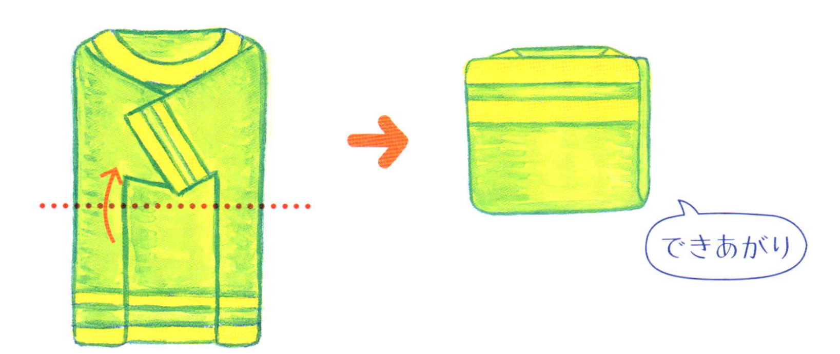

3 したから　うえに　はんぶんに　おる。

しまいかた

したぎ、ティーシャツ、ズボンなどを　たたんだら、それぞれ　きまった　ひきだしに　いれて　しまおう。
たたんだ　ふくが　くずれないように、きを　つけて　しまおうね。

しってるかな？
マナーと
ルール

とがった ものを わたす ときの やくそく

はさみや　えんぴつなど、とがった　ものを　ひとに　わたす　ときは、じぶんも　あいても　けがを　しないように　きを　つけよう。

もちかえて わたそう

とがった　ほうを　じぶんに　むけ、とっての　ほうを　あいてに　むける。あぶないので、すこし　はなれて、「どうぞ」と　いって　わたそう。

はさみ

1 はさみの　はを　とじ、とってを　りょうてで　もつ。

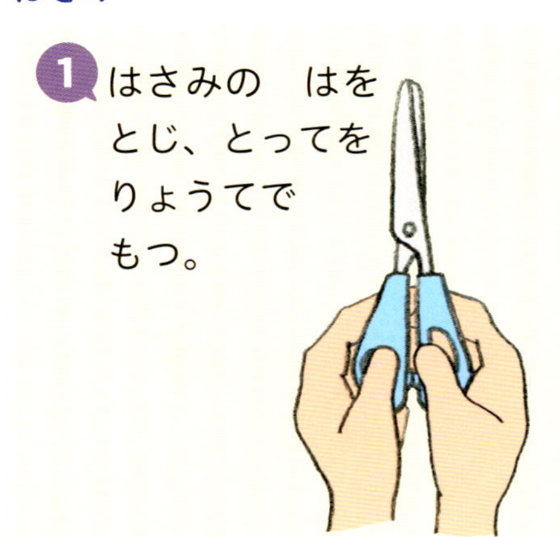

2 むこうがわから　みぎてで　はさみの　まんなかを　もち、まわして　むきを　かえる。

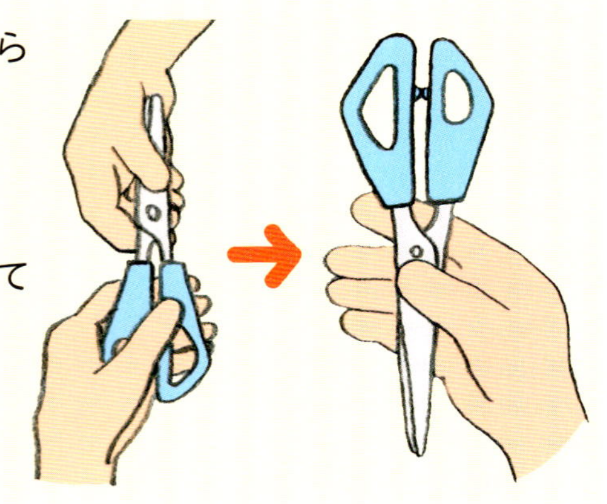

3 ひだりてを　そえ、「どうぞ」と　いって　だす。

どうぞ

4 さしだされたら、「ありがとう」と　いって、りょうてで　うけとろう。

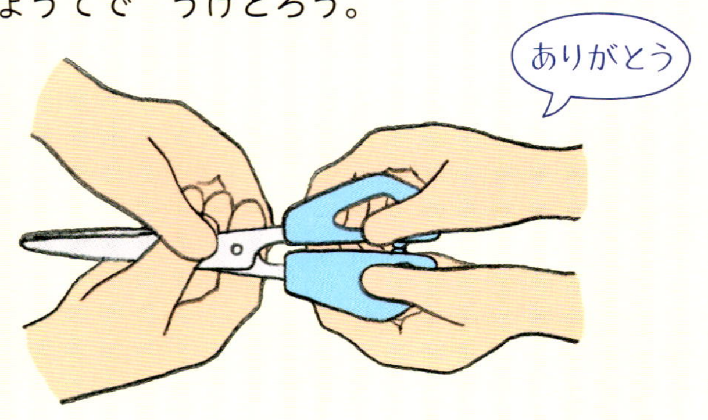
ありがとう

おうちのかたへ

尖ったものはあぶないので、相手や自分を傷つけないように気をつけて渡すことを伝えましょう。はさみ、フォーク、ナイフなどの渡し方をまとめて練習すると、尖ったものが危険だという概念が身につきます。

※渡し方は一例です。

とがって いる もの

とがって　いる　ものには、ほかに
どんな　ものが　あるかな？
どんな　ふうに　わたすのが
いいか、かんがえて　みよう。

フォーク

たべものを　さす　ところには
さわらないように、えを　もとう。

えんぴつ

あいてが　もちやすいように、
まんなかより　したを　もとう。

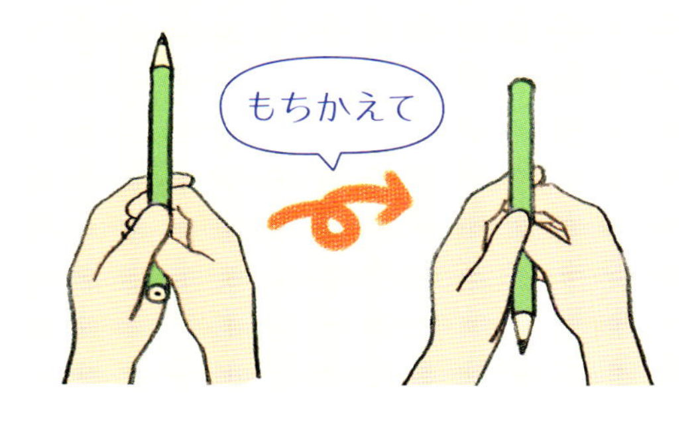

めうち

さやが　あったら　つけて　わたそう。

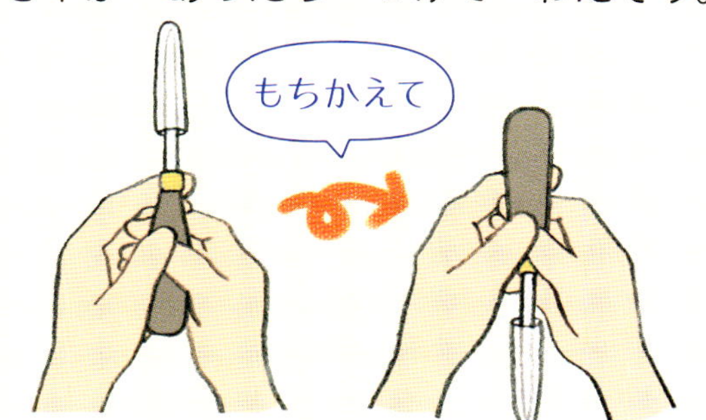

ほうちょうは いちど おいて わたす

ほうちょうや　ナイフなどは、
もちかえると、てが　きれて　あぶないよ。
きまった　ばしょに　おいたり、
さやに　しまってから　わたそう。
（包丁を置くトレイなどを用意するとよい）

ひる

はさみを つかって みよう

はさみを　じょうずに　つかうと、まっすぐな　せんも
まがった　せんも　すいすい　きる　ことが　できるよ

はさみの もちかた

ちいさい　あなに　おやゆび、
おおきい　あなに
ひとさしゆびと　なかゆびを
いれよう。
きる　ときは、
ひじを　からだに
ぴったり　つけてね。

※この持ち方は一例です。ほかにも人差し指は外に出す、薬指を入れるといった持ち方もあります。

ひとさしゆびと
なかゆび

おやゆび

つかいおわったら、
きまった　ばしょに
しまおう

はさみたて

うごかして みよう

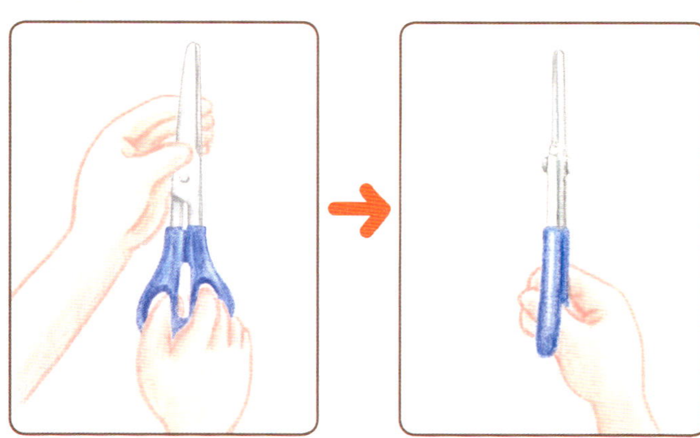

1 ひだりてで　はの　ほうを　もち、みぎての
ゆびを　あなに　いれる。ひだりてを
はなし、はさみを　まっすぐに　する。

2 はさみの　はを、ひらいたり
とじたり　して　みよう。
どんな　おとが　するかな。

おうちのかたへ

はさみは、左右の穴の大きさに差があるものを選びましょう。長い線を続けて切るときは、はさみの刃を閉じきる寸前に止めると、紙がしわになりません。また、曲線や細かい線もきれいに切ることができます。はさみの寸止めをする場所に、油性ペンなどで印をつけておくとわかりやすいでしょう。3歳ごろから、はがきくらいの厚さの紙を切り離すことから始めましょう。

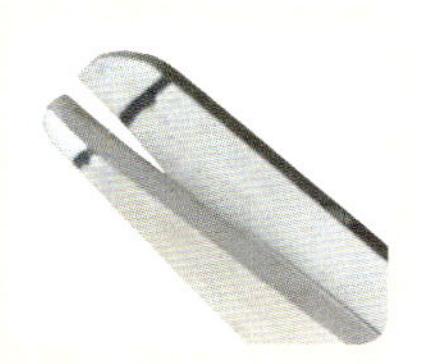

きって　みよう

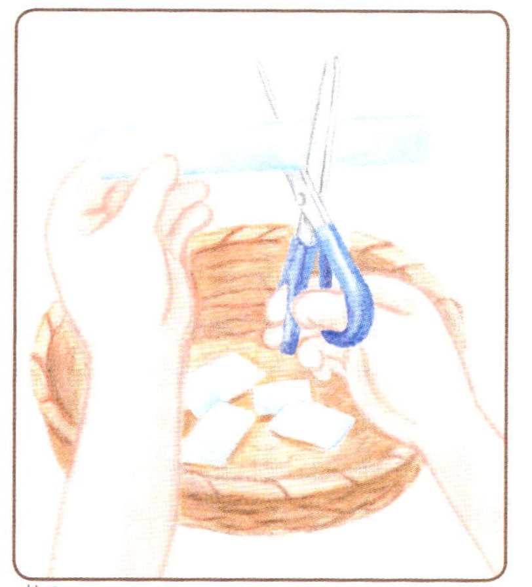

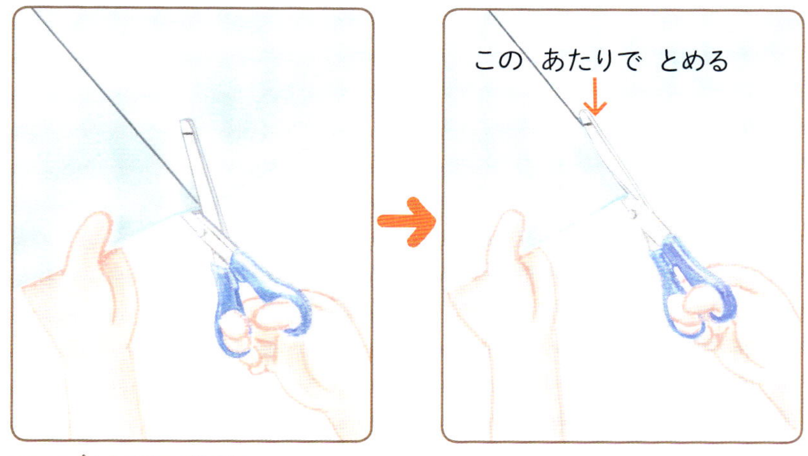

1かい（いっ）で　きる

はさみの　はを　おおきく
ひろげ、かみを　いれて
とじる。
（細長い紙を用意するとよい）

つづけて　きる

はさみの　はを　はんぶんくらい　ひらき、とじきる
まえに　いったん　とめる。ひらいて、とじて、とめる。
これを　くりかえして　きって　いこう。
（はさみに油性ペンで線を書いておくとよい）

うずまきを　きって　みよう

まがった　せんは、
はさみを　まわして
きるのでは　なく、
ひだりてで　かみを
まわしながら　きろう。
（左回りの渦巻きを描いた
紙を用意する）

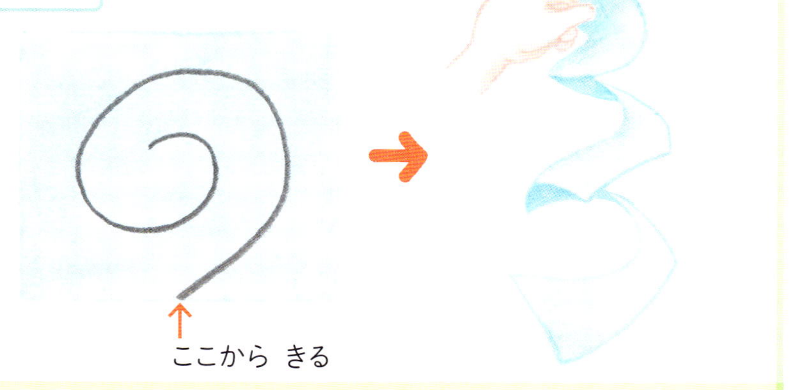

ひる

えんぴつを　もって　みよう

きれいな　もじが　かけるように　なりたいな。
えんぴつを　ただしく　もって　れんしゅうするぞ

えんぴつの　もちかた

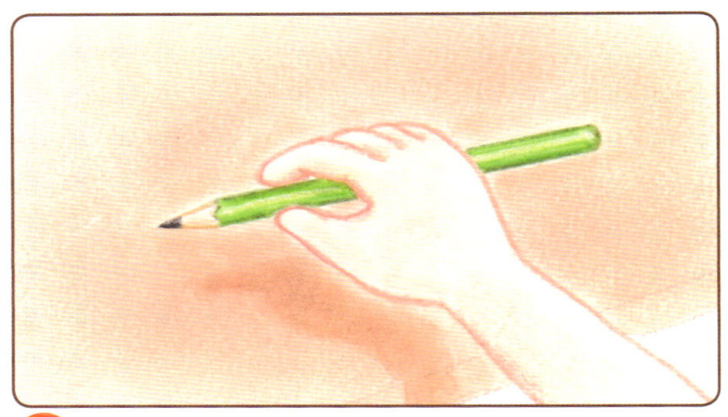

1 みぎてで　えんぴつを　もちあげる。

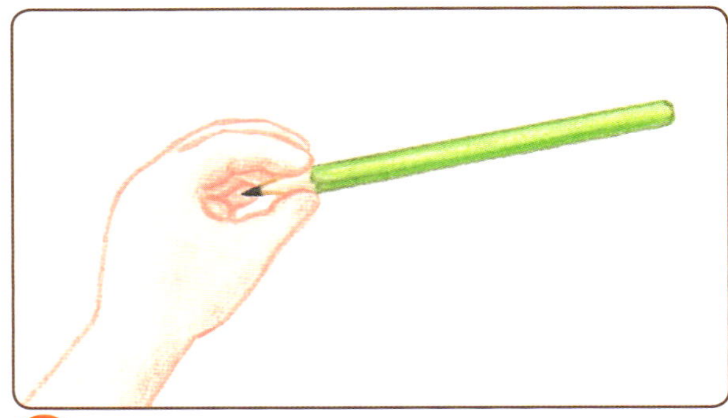

2 しんに　さわらないように、
ひだりてで　けずった　ところを
しっかり　もち、みぎてを　はなす。

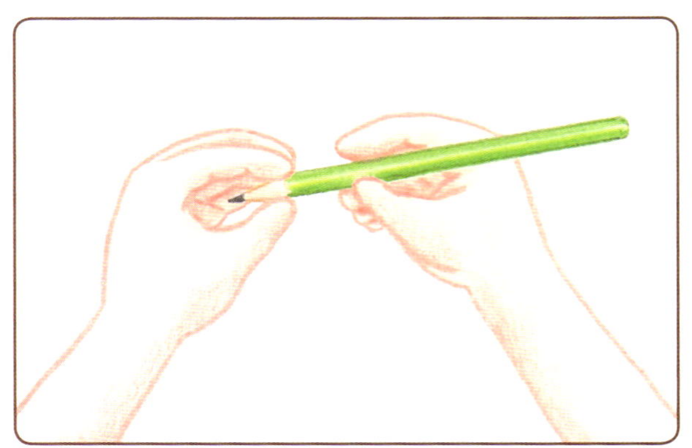

3 みぎての　ゆびを　かるく　まるめ、
ひとさしゆびと　なかゆびの
あいだに　えんぴつを　のせて、
おやゆびを　そえる。

4 ささえて　いた　ひだりてを　はなす。
ちからを　いれずに　そっと　もとう。
（書くときは60度くらい傾けるとよい）

おうちのかたへ

４歳から４歳半は、子どもの「書きたい」欲求が高まる時期です。鉛筆の持ち方は、箸の上箸の持ち方と同じです。机に鉛筆を置いて、持ち上げるところからやってみせましょう。片方の手で鉛筆の削ったところを持ち、しっかりと鉛筆を支えることで、正しい形を意識しながら、きちんと持つことができるようになります。鉛筆は、Ｂや2Bなどの、芯がやわらかく色の濃いものを用意してあげてください。

かく ときの しせい

えんぴつを　ただしく
もつ　ことが　できたら、
ただしい　しせいで
すわって　みよう。

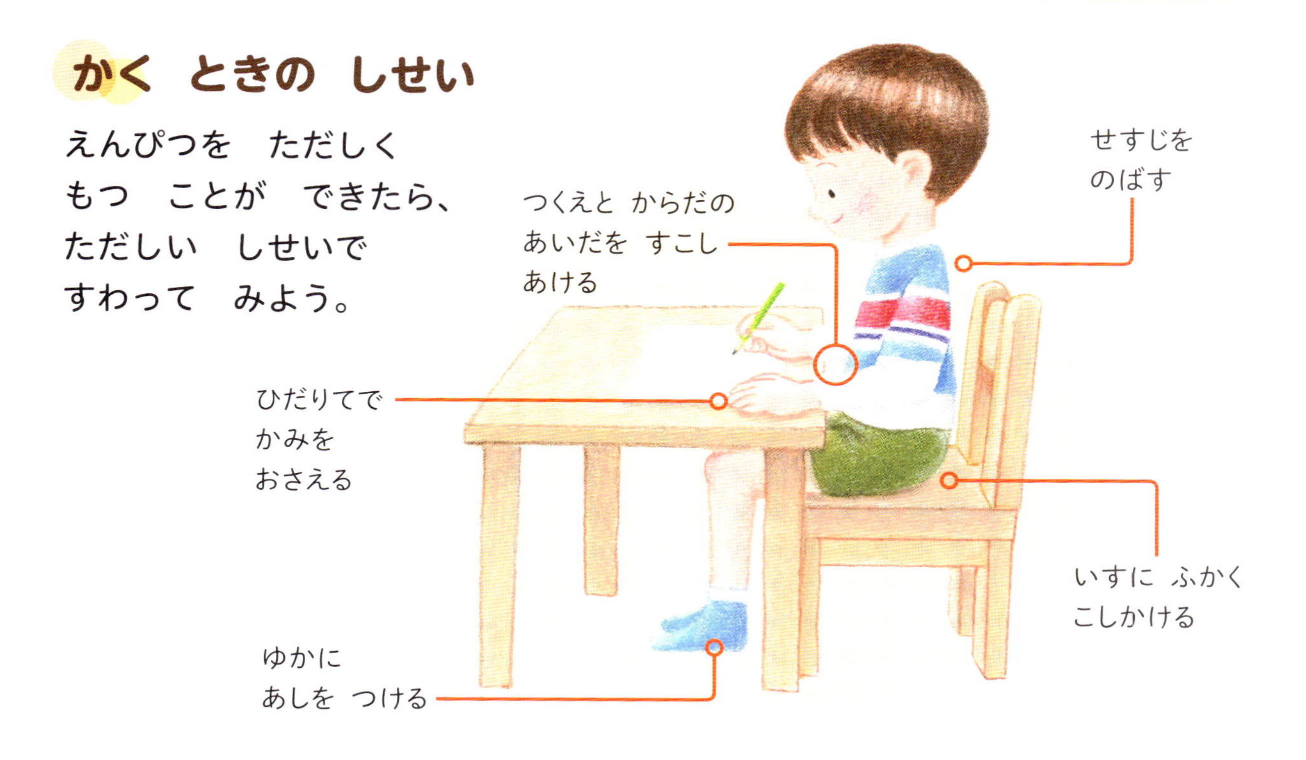

つくえと からだの
あいだを すこし

いすに ふかく
こしかける

あしを つける

せんを かいて みよう

もじは　せんで　できて　いるんだ。
まず、せんを　かく　ところから　はじめよう。

かたぬきの　ある　じょうぎを　つかって、
かたちを　なぞって　みよう。

めいろの かべに
さわらないように
せんを かこう

えんぴつで　めいろを　たどって
みよう。（市販のものを使うとよい）

ひる

おちゃを　いれよう

おちゃには　いれかたが　あるんだよ。
ていねいに　いれると　おいしく　なるよ

せんちゃの　いれかた

せんちゃは、みどりいろを　した　にっぽんの　おちゃだよ。（テーブルにビニールシートを敷いておくとよい）

1 すいとうから　ゆのみに　おゆを　そそぎ、もてるくらいの　あつさに　なるまで　さます。

2 ちゃづつから、おちゃの　はの　はいった　パックを　だし、きゅうすに　いれる。

3 ゆのみの　おゆが　さめたら、きゅうすに　いれる。

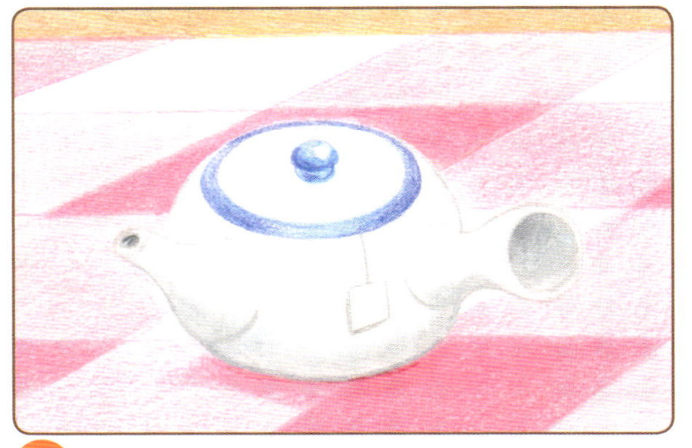

4 きゅうすに　ふたを　して、1ぷんはんくらい　むす。

おうちのかたへ

急須でお茶を淹れることは減ってきていますが、日本の伝統文化に触れる大切な機会です。まず、お茶を淹れるときに使う道具の名前と用途を、１つずつ話してあげてください。お湯は水筒などに入れて、煎茶の葉はあらかじめ量を計ってお茶のパック（持つための紙や糸のついたものがよい）に詰め、茶筒に入れておきましょう。お茶のパックを使うと、取り出して捨てるところまで自分ですることができます。市販品を使用してもよいでしょう。

そそぎきると
2はいめも
おいしく のめるよ

5 おなじ こさに なるように、
こうごに すこしずつ そそぐ。
さいごの 1てきまで きちんと だす。

6 ゆのみを ちゃたくに のせる。

7 パックを きゅうすから とりだし、
こざらに いれて、あとで すてる。

おちゃを のむ
まえに、かおりを
たのしんで みてね
いい かおりが
するよ

ひる

おかしを　つくろう

おかしを　つくって、みんなに　たべて　もらいたいな。
しらたまだんごに　ちょうせんして　みよう

しらたまだんごの　つくりかた

はじめる　まえに　てを　あらおう。

てのあらいかたは、45ページ

1 しらたまこと　みずの　りょうを　はかる。
（計量カップやはかりに、印をつけておくとよい）

2 ボウルに　しらたまこを　いれ、すこしずつ　みずを　くわえて　こねる。

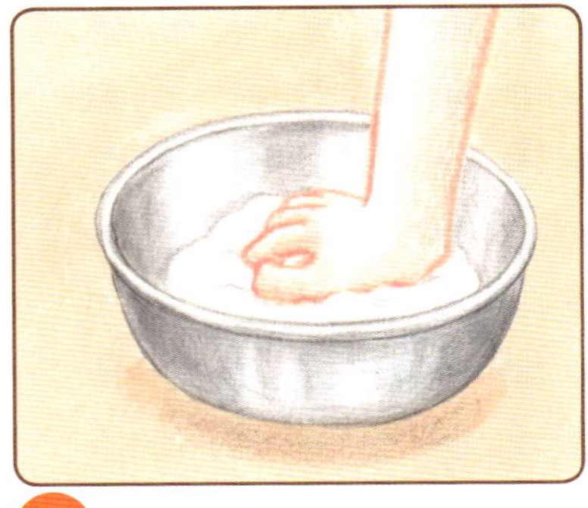

3 みみたぶくらいの　やわらかさに　なるまで　こねる。

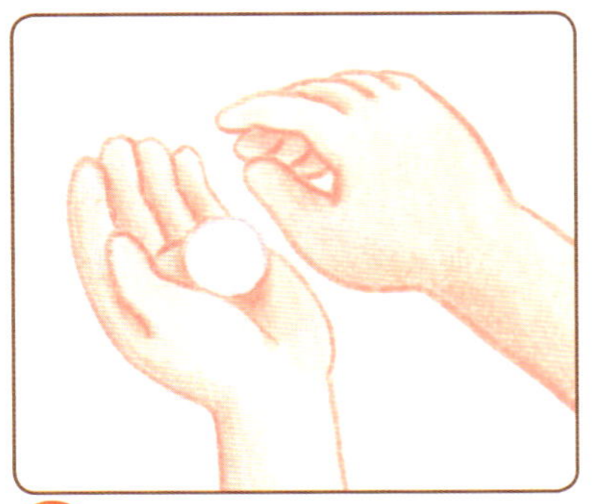

4 きじを　おなじ　おおきさに　ちぎって　まるめる。
（大きさの見本を作るとよい）

5 なべに　みずを　たっぷり　いれ、こんろに　ひを　つけ、おゆを　わかす。

6 あなあきおたまに　だんごを　のせて、なべに　いれる。

おうちのかたへ

白玉だんごは、低年齢から手軽に作れるお菓子のひとつです。４～５歳は、数に興味を持つ時期。計量カップやはかりの目盛りに、ビニールテープなどで印をつけておくと、必要な分の白玉粉や水の量を計ることができます。火を使うときは、まず火を見せて、火は熱いこと、注意しないとやけどをすること、コンロから目を離してはいけないことなどを約束しましょう。時間を計るときは、砂時計を使うと、目で時間を感じることができます。

ざいりょう　3にんぶん

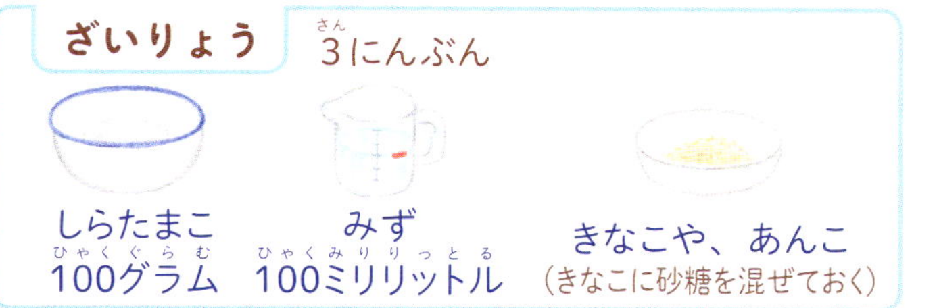

しらたまこ　100グラム

みず　100ミリリットル

きなこや、あんこ（きなこに砂糖を混ぜておく）

※水の量は製品によって違います。製品の表示に従ってください。

はかる　もの

けいりょうカップ

はかり

すなどけい（2分計）

7 だんごが　ういたら、すなどけいを　さかさにする。すなが　おちて、2ふん　たったら、ひをとめ、ざるに　あげる。

8 こおりみずで　だんごを　ひやす。ひえたら、みずけを　きる。

9 うつわに　よそい、さとうを　まぜた　きなこや　あんこを　かけて　たべよう。

ひを　つかう　ときの　やくそく

ひや　こんろに　のせた　なべは、あついから、さわると　やけどを　してしまうよ。ひを　つかう　ときは、こんろから　めを　はなさないこと。ひは、こどもだけで　つかっては　いけないよ。かならず　おとなと　いっしょに　つかおう。

ひる

ごはんを　たこう

ふっくら　おいしい　ごはんを　たきたいな。
こめを　とぐ　こつを　おぼえよう

ごはんの　たきかた　ちゃわん　4（よん）はいぶん（2（に）ごう）の　こめを　といで、ごはんを　たこう。てを　あらってから　とごうね。📖 ての　あらいかたは、45ページ（ぺーじ）

1 カップ（かっぷ）に　こめを　いれて、ゆびで　たいらに　ならし、きっちり　カップ（かっぷ）1（いっ）ぱいの　りょうに　する。

2 ボウル（ぼうる）の　うえに　ざるを　かさねて　こめを　いれ、こめが　かくれるくらい　みずを　いれる。

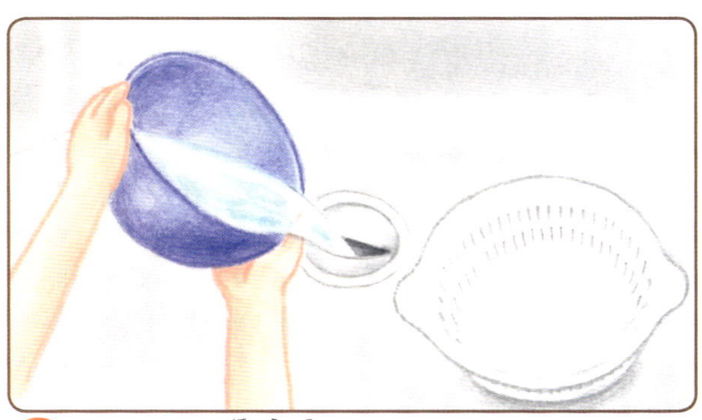

3 すぐに　ボウル（ぼうる）から　ざるを　だして、ボウル（ぼうる）の　みずを　すてる。
（ボウルを使うと、水だけを捨てることができる）

4 みずを　いれ、てで　かきまぜて　こめを　とぎ、みずを　すてる。これを　2（に）〜3（さん）かいくらい　くりかえす。

おうちのかたへ

子どもは物の分量を計るのが好きです。米は人指し指で丁寧にならし、米のカップにすりきり一杯を計ります。米のとぎ方は、ゆっくりやってみせてあげましょう。といだあとは、少しずつ目盛りを見ながら、ピッチャーなどで水を入れます。内釜の目盛りがわかりにくいものは、水の量をチェックしてあげましょう。和食の基本はごはんです。ごはんの炊ける音やにおいを、子どもと一緒に楽しんでみてください。

ざいりょう ちゃわん 4はいぶん

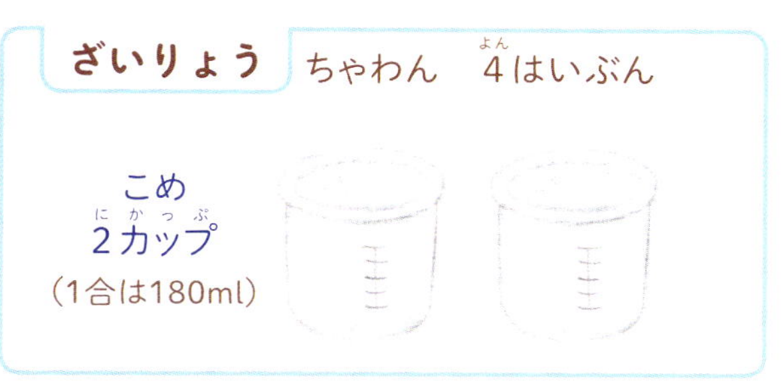

こめ 2カップ

（1合は180ml）

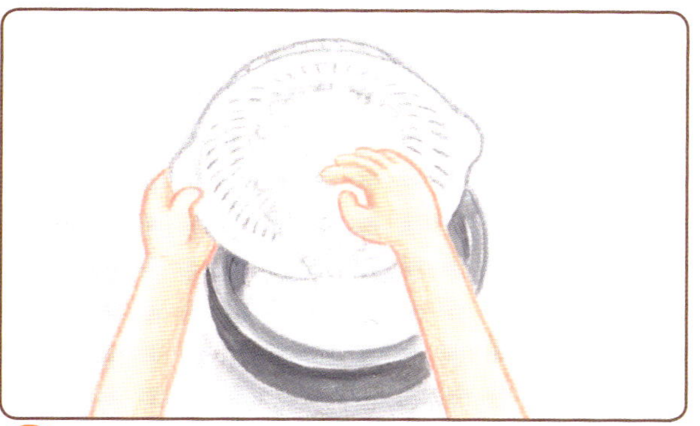

5 ざるを だして、こめの みずを きり、すいはんきの うちがまに いれる。

6 うちがまの 2ごうの めもりまで みずを いれる。こめが たいらに なるように する。

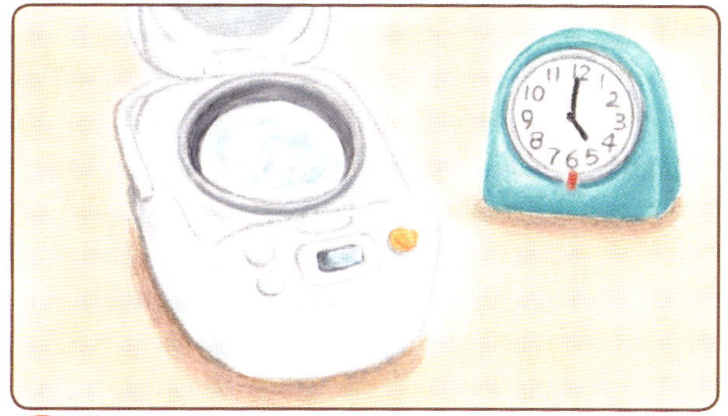

7 30ぷんくらい おいて、こめに みずを すわせる。

（時計の30分後の数字にシールで印をつけるとよい）

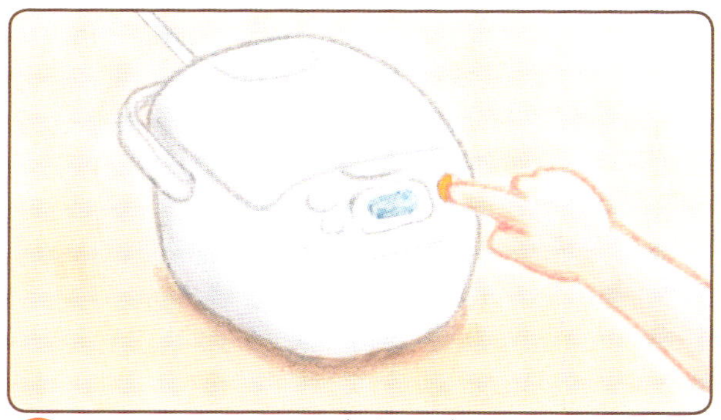

8 すいはんきの スイッチを いれる。

📖 ごはんの よそいかたは、26ページ

ひる

おにぎりを　つくろう

ごはんが　たけたら、おにぎりを　にぎって　みたいな。
すきな　ぐを　いれて　みよう

おにぎりの　にぎりかた

はじめる　まえに　てを　あらおう。

てのあらいかたは、45ページ、ごはんの　よそいかたは、26ページ

1 ごはんを　すこし　ちゃわんに
よそって、もてるくらいに　さます。

2 ごはんに　くぼみを　つくり、
すきな　ぐを　いれる。

3 ごはんを　すこし　よそって、
ぐを　かくす。

4 しおみずの　はいった　ボウルに、
りょうほうの　てのひらを　つける。
（ボウルに塩水を入れておく）

おうちのかたへ

おにぎり作りは、手軽な調理体験に適しています。調理をする前には、必ず手を洗うことを伝えましょう。熱々のごはんは、うまくにぎれないので、しばらくにぎっていてもやけどをしない程度にさましてから始めてください。最初は、ごはんをラップにのせてにぎってもよいでしょう。子どもと一緒におにぎりをにぎったら、なるべく早めに食べるようにしてください。具や形を変えると、飽きずに楽しめます。

ざいりょう

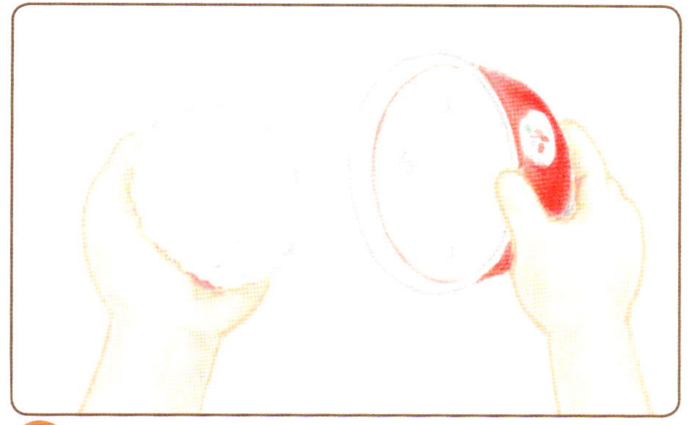

5 ごはんを　てのひらに　のせる。

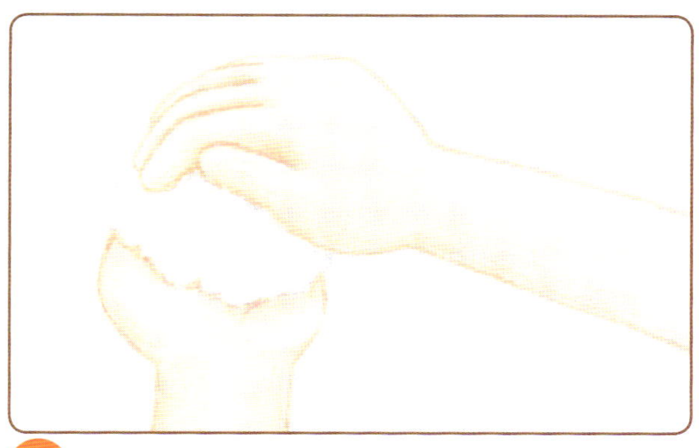

6 うえの　てを　まるく　して、
ごはんを　ぎゅっと　にぎる。

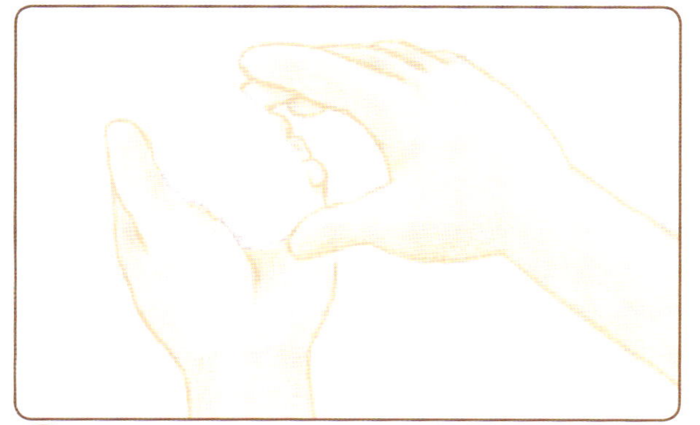

7 ごはんを　まわしながら、ほそながい
たわらがたに　かたちを　ととのえる。
（形は三角形や丸でもよい）

8 のりを　まいて　できあがり。
（海苔はちょうどよい大きさに切っておく）

ひる

ほうちょうを　つかおう

ほうちょうを　じょうずに　つかえるように　なったら、りょうりを　つくる　ことが　できるね

ほうちょうの　もちかた

ほうちょうは、えを　しっかり　にぎろう。はじめる　まえには　てを　あらおうね。

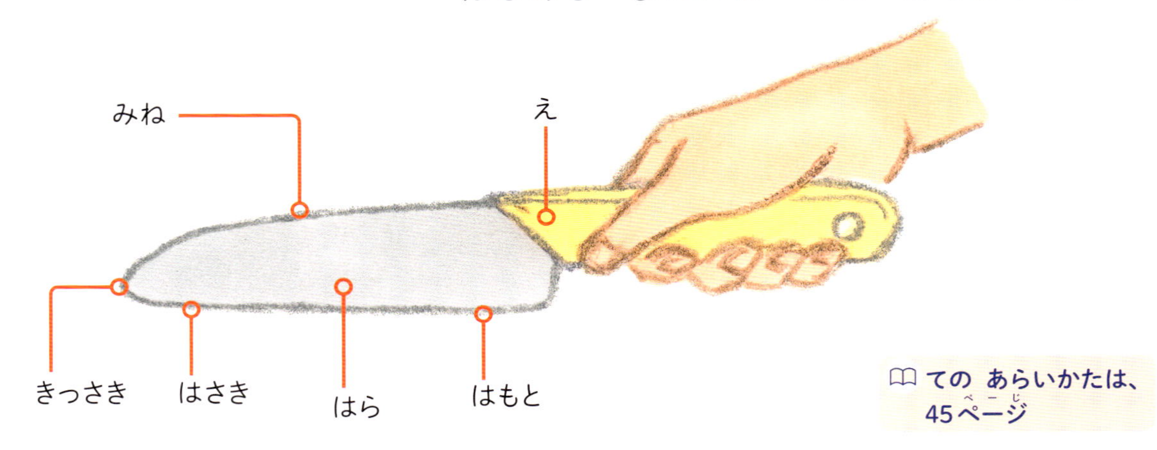

てのあらいかたは、45ページ

ほうちょうの　たいせつな　やくそく

ひとに　むけたり　ふりまわしたり　しない。あぶないよ。

きる　ものを　おさえる　ときは、けがを　しないように　ゆびを　のばさない。

つかいおわったら、すぐ　きまった　ばしょに　おく。

おうちのかたへ

早いと思うかもしれませんが、大人がきちんと教えれば、３〜４歳から刃物を使うことができます。最初はディナーナイフで、バナナを切るところから始めてもよいでしょう。包丁は、子ども用のものなど小さなサイズのものを用意し、包丁を置く場所（トレイなど）をつくっておきます。材料を切る前、切ったあと、へたなどのごみ（ここでは事前に取り除きます）は、それぞれ形の違う容器を用意しておくと、自分で分けて入れることができます。

きりかた

きれいな　ふきんで　まないたを
ふいて、きゅうりを　のせて
きって　みよう。

（きゅうりを縦半分に切っておく。へたを取っておいたり、
机を使ってすわって行ったりすると、安定してよい）

1 ひだりての　ゆびを
おりまげて、
きゅうりを　おさえる。

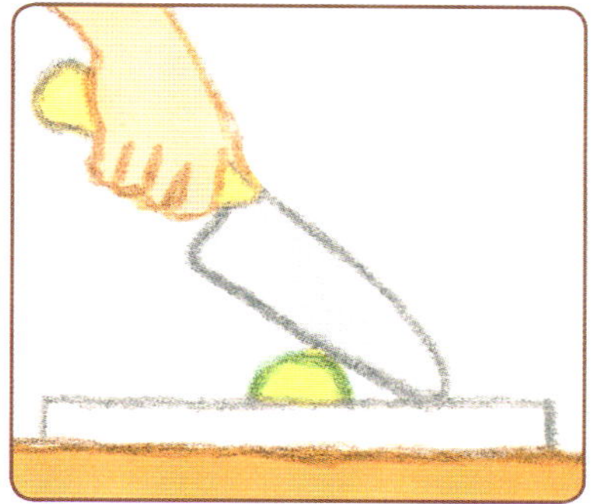

2 みぎてで　ほうちょうを
もち、きっさきを
まないたに　あてる。

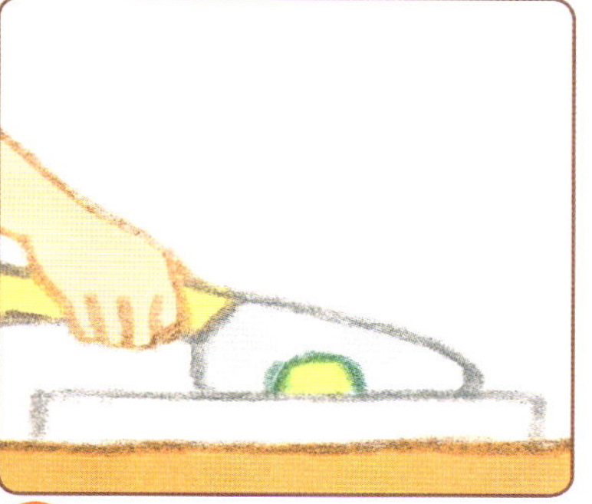

3 はを　てまえに
おとして、きゅうりを
きる。

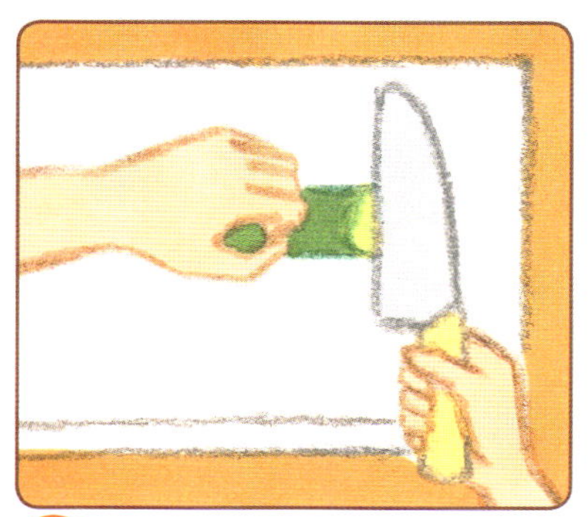

4 ほうちょうを
たおして、きゅうりを
はなす。

5 ひだりてを
ずらしながら、2〜4を
くりかえして　きる。

6 ほうちょうを　おき、
きった　ものを、
さらに　いれる。

ひる

サラダを　つくろう

ほうちょうを　つかえるように　なったら、
りょうりに　ちょうせんして　みよう

サラダの　つくりかた

りょうりを　する　まえに、てを　あらおう。

てのあらいかたは、45ページ、きりかたは、73ページ

1 やさいを　あらって　ざるに　いれ、みずけを　きる。

2 キッチンペーパーで　1まいずつ　レタスの　みずけを　すいとり、ボウルに　いれる。

3 レタスを　たべやすい　おおきさに　ちぎり、べつの　ボウルに　いれる。

4 ピーラーを　ひき、きゅうりに　たての　もようを　つける。

おうちのかたへ

家族に自分が作ったものを食べてもらう経験は、子どもにとって大きな喜びになるでしょう。73ページのように、大人がきゅうりのへたを取って縦半分に切り、卵はゆでておきましょう。ゆで卵をむいたり、輪切りにしたりする作業は低年齢でもできます。卵切りを使って輪切りにしてみましょう。ここには出てきませんが、サラダににんじんを入れるときは、細長く切ってゆでたものを用意してあげると切りやすくなります。

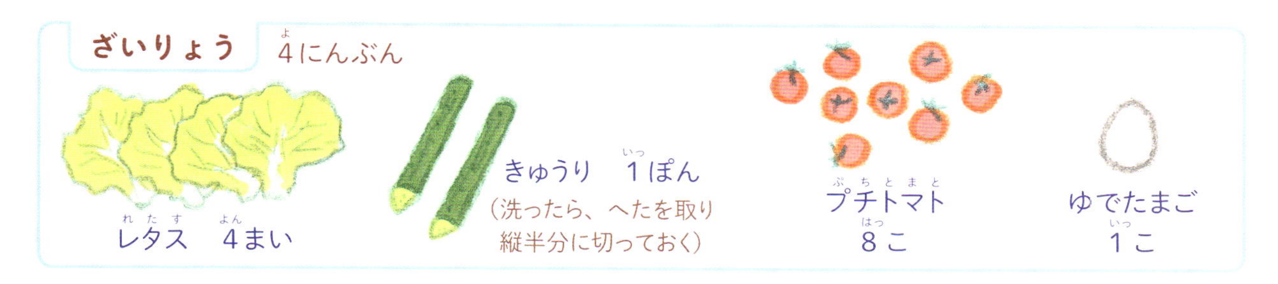

ざいりょう 4にんぶん

- レタス　4まい
- きゅうり　1ぽん（洗ったら、へたを取り縦半分に切っておく）
- プチトマト　8こ
- ゆでたまご　1こ

5 きゅうりを　うすく　きる。
ほうちょうを　おいてから、さらに
きゅうりを　いれる。

6 プチトマトの　へたを　とり、
さらに　いれる。

きったら
さらに
いれよう

7 ゆでたまごの　からを　むいて、
たまごきりで　わぎりに　する。

このみで、
マヨネーズや
しおなどを
かけよう

8 やさいと　ゆでたまごを　うつわに
もりつける。

ひる

しょくじの じゅんびを しよう

みんなで　たべる　しょくじだから、
じゅんびも　いっしょに　やりたいな

テーブルを ふく

しょくじの　じゅんびを　する
まえに、テーブルを　ふきんで
ふこう。ても　あらって
おこうね。

ての あらいかたは、45ページ、
ふきんの つかいかたは、40ページ

りょうりを はこぶ

おぼんに　りょうりを　のせて、
テーブルに　はこんで　みよう。
おぼんの　とってを
しっかり　もって、
おなかに　ぴったり　つけると
はこびやすいよ。
（お盆は取っ手のあるものを使うと持ちやすい。布などを敷くと滑らなくてよい）

おぼんを
おなかに
つける
おぼんの
とってを もつ

おうちのかたへ

最初は、ごはんなどのこぼれにくいものを１つずつお盆に載せて運びましょう。こぼさないように目で確認しながら、足元にも気をつけることを伝え、やってみせてあげてください。料理の配膳は、ランチョンマットに皿の位置の縫い取りをしたもの（右図）を使ったり、写真を見本に置いて、それを見ながら並べたりすることから始めるとよいでしょう。

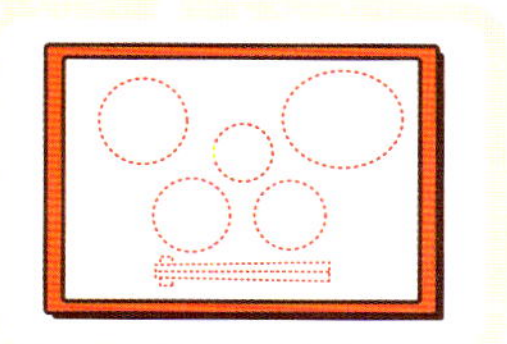

おぼんの　おきかた

おとを　たてずに　しずかに　おこう。

1 ひだりおくの　かどを テーブル(てーぶる)に　つける。
（傾けすぎないようにする）

2 みぎおくの　かどを テーブル(てーぶる)に　つける。

3 てまえを　テーブル(てーぶる)に つけて、おぼんを おく。

りょうりを　ならべよう

りょうりや　はしの　ならべかたには、きまりが　あるんだ。
たべやすい　いちを　かんがえた　ならべかたなんだよ。

おかずは おくの ほうに おく
おかず
ごはんは ひだり、みそしるは みぎ
ごはん
みそしる
はしは てまえ。もつ ほうが みぎ
はし

ひる

しょっきを　かたづけよう

しょくじが　おわったら、しょっきを　さげたり、
あらったり、あとかたづけも　きちんと　やりたいな

しょっきの　あらいかた

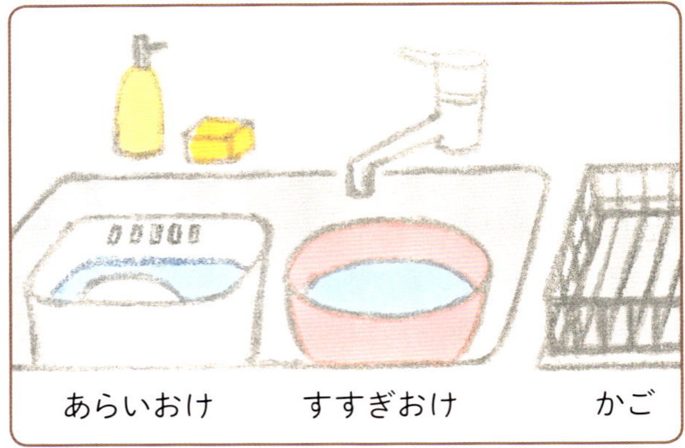

1 あらいおけの　みずに　せんざいを
とかし、さらを　いれる。
すすぎおけには　みずを　いれる。
（洗い桶には皿を１枚だけ入れるとよい）

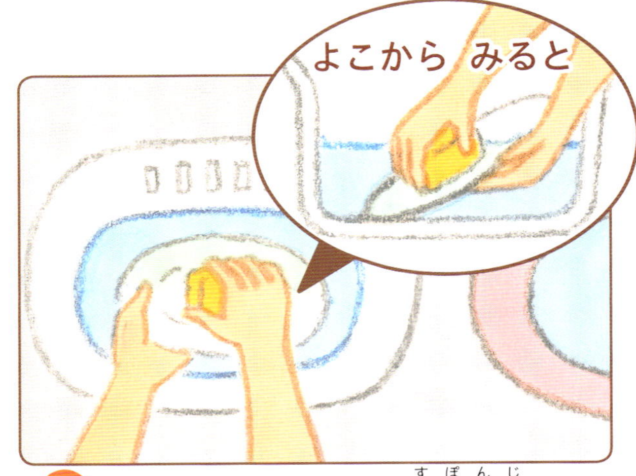

2 さらの　うちがわを、スポンジ（すぽんじ）で
ゆっくりと　こする。さらは
もちあげずに、はしを
あらいおけの　そこに　つける。

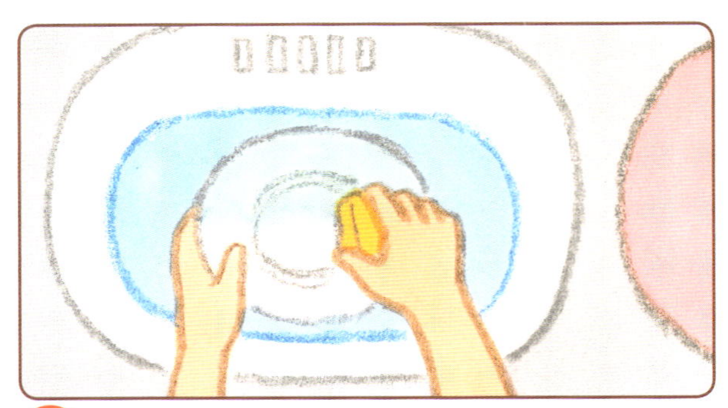

3 さらの　そとがわや　うらも、
スポンジ（すぽんじ）で　ゆっくりと　こする。

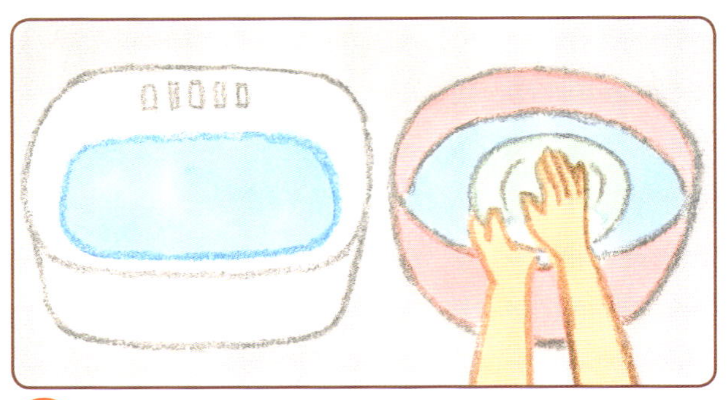

4 さらを　すすぎおけに　いれて、
あわを　おとす。

おうちのかたへ

自分で使った皿（5枚くらい）を洗うことから始めてみてください。洗剤を使うのは、４歳ごろからにしましょう。食器はぶつかると割れてあぶないので、１枚ずつ洗い桶に入れ、持ち上げず一部分を下につけて固定し、ゆっくり丁寧に洗います。拭くときも、皿を持ち上げずにふきんで包み込むように拭きます。大人と一緒にやってみましょう。3人で行う場合は、洗う、すすぐ、拭くに分担し、希望に応じて交替するとよいでしょう。

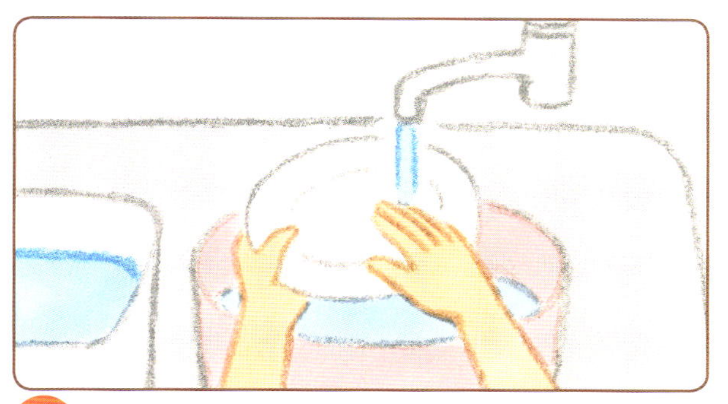

5 すいどうの　みずで　さらを　すすぐ。

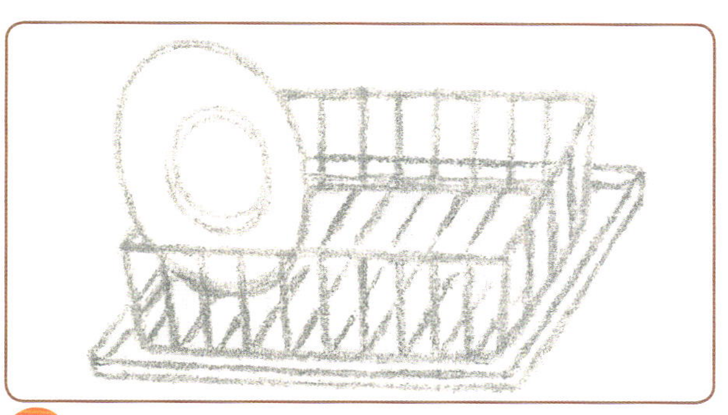

6 みずけを　きって、かごに　ふせる。

（次の皿を洗い桶に入れ、2〜6を繰り返す）

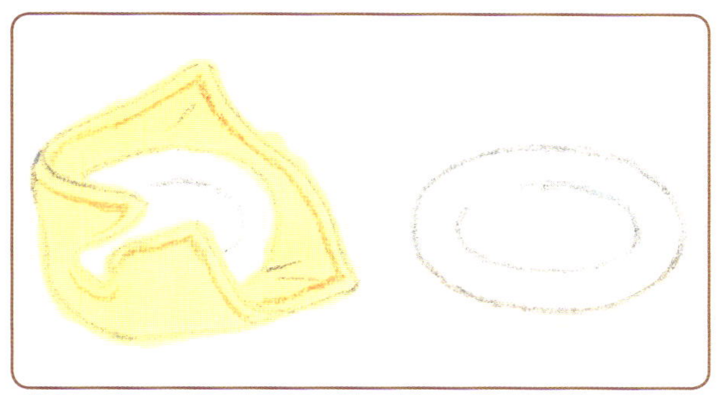

7 きれいな　ふきんの　うえに　さらを
おいて、つつむように　ふく。

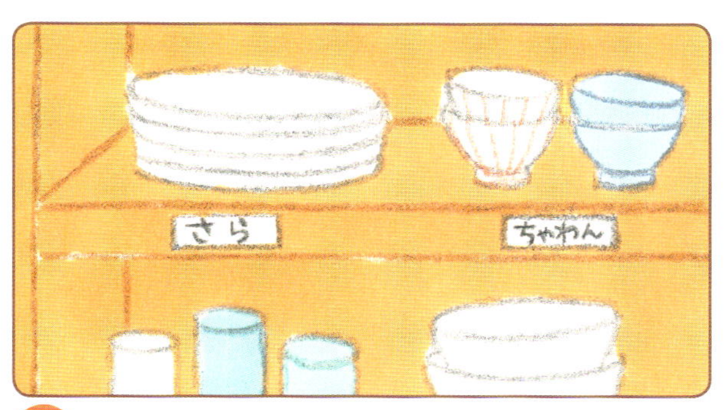

8 さらを　きまった　ところに　しまう。

（食器棚に食器の名前を書いておくとよい）

あらいやさんと　すすぎやさん

あらいやさんと　すすぎやさんに
わかれて、おうちの　ひとと
いっしょに　しょっきを　あらって
みよう。そでが　ながい　ときは、
ぬれないように、そでを　まくって
おこう。

としょかんを つかう ときの やくそく

としょかんでは、ほんを よんだり、かりたり する ことが できるよ。ルールや マナーを まもって、きもちよく りようしよう。

しずかに ほんを よもう

としょかんでは、しずかに ほんを よもう。おおきな こえで はなしたり、おとを たてて いすを ひいたり、ふざけたり しないように しよう。

たべものを たべない

ほんが よごれて しまうので、たべものを たべたり するのは、やめよう。

くしゃみを する ときは

くしゃみや せきが したく なったら、すこし よこを むいて、くちに ハンカチを あてて しよう。

おうちのかたへ

本の読みきかせは楽しいものです。４歳ごろは自分で読む子も増えてきます。ぜひ一緒に図書館を利用してみてください。マナーやルールは、まずは大人が見本を見せてあげてください。

かえす　ひを　まもる

ほかに　よみたい　ひとが
いるかも　しれないよ。

ほんを　かりる　ときは

カウンターに　ほんを
もって　いく。
カードを　つくると、
かりる　ことが　できるよ。

ほんを　たいせつに　する

ほんは　みんなの　もの。
やぶったり、よごしたり
しては　いけないよ。

よんだら　もとに　もどす

どの　たなから　ほんを
だしたか　おぼえて　おき、
よみおわったら、もとの
たなに　もどそう。

ひる

ほんを　よもう

すきな　ほんを　たくさん　よみたいな。
うすい　ページも　じょうずに　めくれるように　なろう

ページの　めくりかた

ほんを　つくえに　のせて、
ページを　めくって　みよう。

1 ほんを　りょうてで　しっかり　もち、
おなかに　つけて　はこぼう。

2 ひょうし
はしを　しっかり　もって　ひらく。

3 なかの　うすい　ページ
めくりたい　ページと
はんたいがわの　てで、ページの
はしを　もちあげる。

おうちのかたへ

子どもが「本のページをめくれない」という話をよく耳にします。小さいうちから親子で本に親しみ、ページを一緒にめくってみましょう。子どもはお気に入りの本を何度も持ってくるかもしれません。子どもが選んだものは、同じ本でも繰り返し読んであげましょう。また、ラックや大きなかごに、表紙が見えるように何冊かならべておいてあげると、自分で読む本を選んで持ってきたり、元に戻したりすることができます。

4 てのひらを　うえに　むけて、
ページの　したに　いれる。

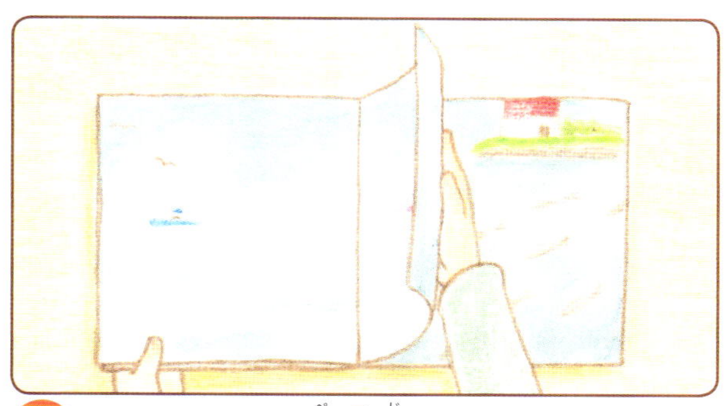

5 てのひらで　ページを
もちあげるように　めくる。

6 めくった　ページを　しっかり
おさえよう。

7 ほんを　よみおえたら、
もとの　ばしょに　もどそう。

ほんを　えらぼう

おはなしの　ほん、むしの　ほん、
のりものの　ほん……、
ほんには　いろいろな
しゅるいが　あるよ。
すきな　ほんを　えらんで、
よんで　みよう。

ひる

へやの　かたづけを　しよう

へやが　かたづいて　いると、つかいたい　ときに
つかいたい　ものが　すぐに　みつけられるよ

おきばしょを　きめる

のり、はさみ、セロハンテープなど、
いっしょに　つかう　ものを　まとめて　おこう。

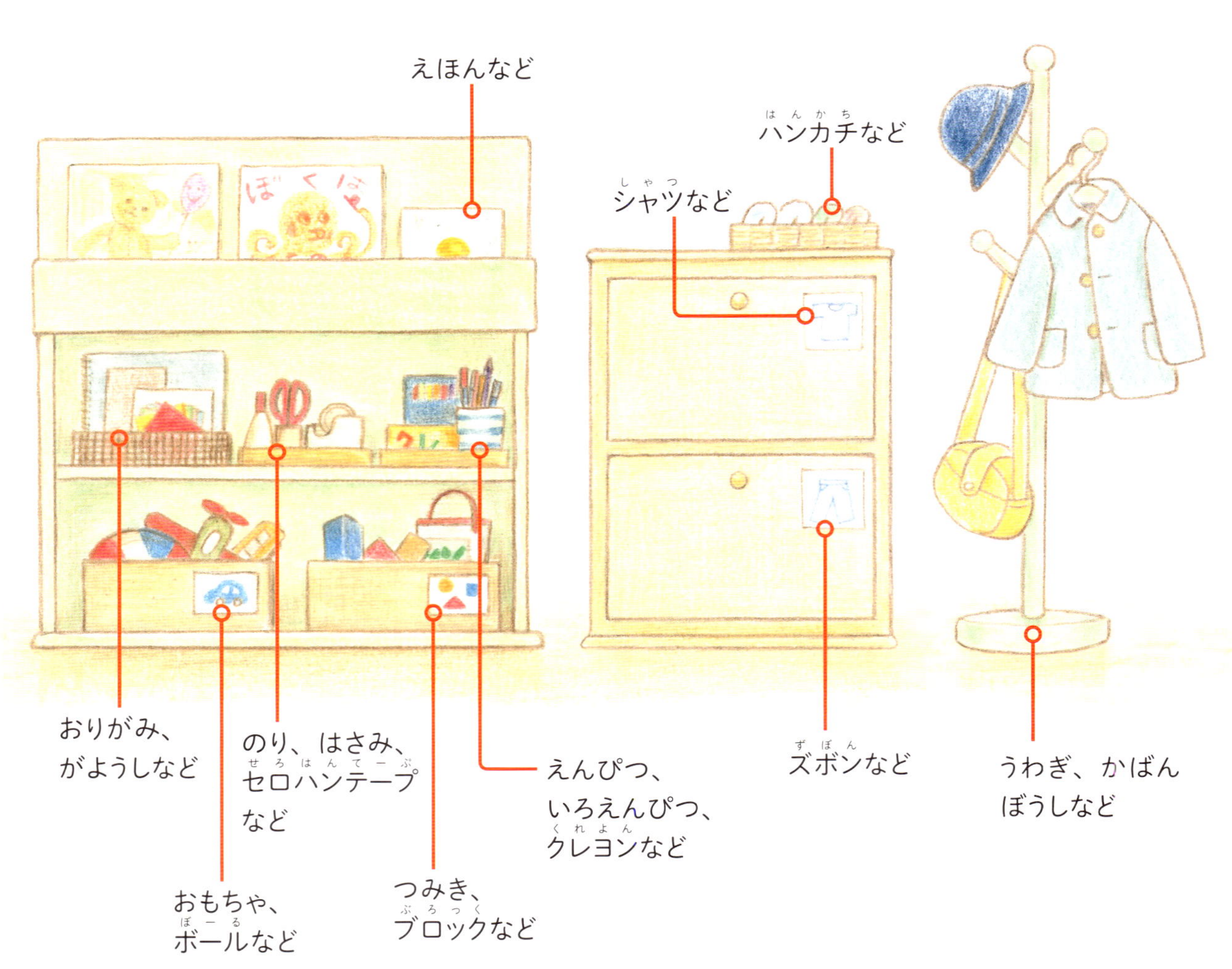

おうちのかたへ

低い棚にボックスやトレイなどを置き、物を分類して子どもが自分で戻せるようにしましょう。棚やボックスに何が入っているのかを示すとわかりやすくなります。右の写真のように、どんぐりやおはじきなど小さいものなら、その物自体をふたに貼ったりしてもよいですね。いつも同じ場所に物をかたづけることができるという環境は、子どもに安心感を与えます。

そとから　かえったら

うわぎを　ハンガーに　かけて、きまった　ばしょに　おこう。

1 ハンガーと　うわぎを　つくえの
うえに　のせる。
うわぎの　まえを　ひらく。

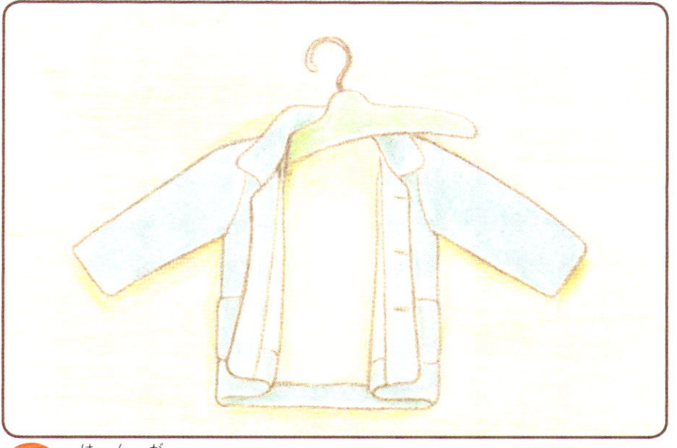

2 ハンガーを　かたほうずつ　うわぎの
かたに　いれる。

3 いちばん　うえの　ボタンだけを
しめる。

4 ハンガーかけに　かける。かばんや
ぼうしも、きまった　ばしょに
おこう。

ほうきと　ちりとりで　そうじを　しよう

へやが　きれいだと、きもちが　いいよね。
ごみや　ほこりを　とって、きれいに　そうじを　しよう

テーブル(てーぶる)の　うえを　はく

ちいさい　ブラシ(ぶらし)と　ちりとりで　やって　みよう。

1 きの　つくえに　チョーク(ちょーく)で　まるを　かく。ちいさく　きって　おりまげた　いろがようしを、そとがわに　ちらす。
（色画用紙のごみを用意しておく）

2 ブラシ(ぶらし)で　いろがようしを　はいて、まるの　なかに　あつめる。

3 いろがようしを　ちりとりで　とる。ブラシ(ぶらし)で　おさえた　まま、ごみばこへ　すてる。

（ぬらしてしっかりしぼったスポンジを使うと、よく消える）

おうちのかたへ

最初はハンディモップなどで、「掃除をするときれいになる」という体験をさせてあげましょう。それから、ほうきを使ってみましょう。右の写真のような色画用紙を蛇腹に折ったものをごみに見立てると、楽しく練習することができます。床に印をつける際、床の素材が木でない場合は、チョークではなくビニールテープを使うなど工夫してみてください。

ほうきの　つかいかた

ほうきを　ふりまわしたり
せず、ていねいに
もって　くる。
りょうてで　しっかり
もとう。

ほうきで　はいて　みよう

いろがようしを　ごみに　みたてて　はいて　みよう。

1 ゆかに　チョーク(ちょーく)で
まるを　かき、
いろがようしを
ちらす。

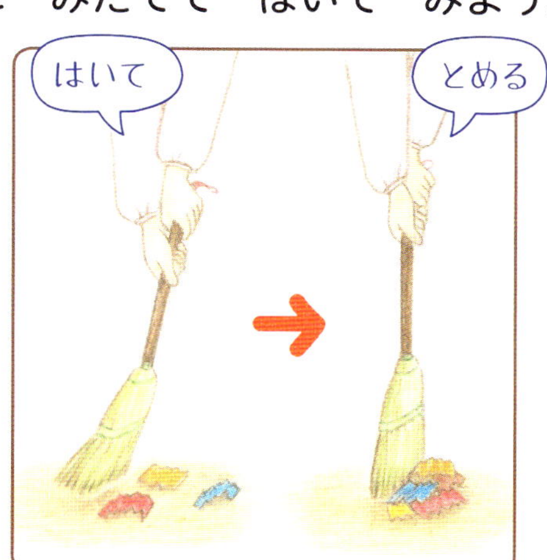

2 ごみを　はこぶように
はいて　とめる。
これを　くりかえす。

3 まるの　なかに
ごみを　あつめる。
おわったら、チョーク(ちょーく)を
けして　おこう。

はりに いとを とおして みよう

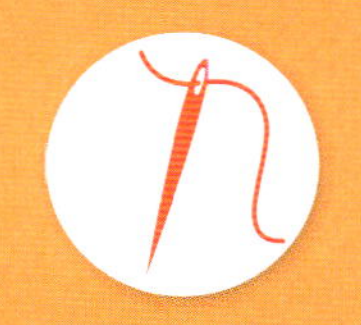

ぬいものが　できるように　なりたいな。
いろんな　ものを　ぬって　つくる　ことが　できるよね

いとを とおす

はりやまに　はりを　さした　まま、いとを　とおそう。

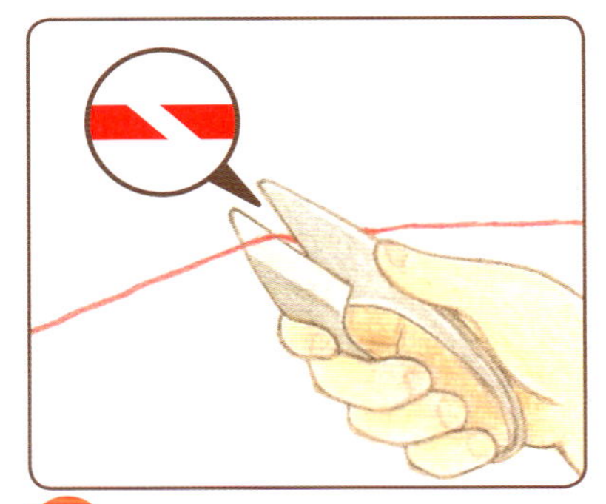

1 いとを　つかう
ながさに　きる。
きりくちが　ななめに
なるように　しよう。

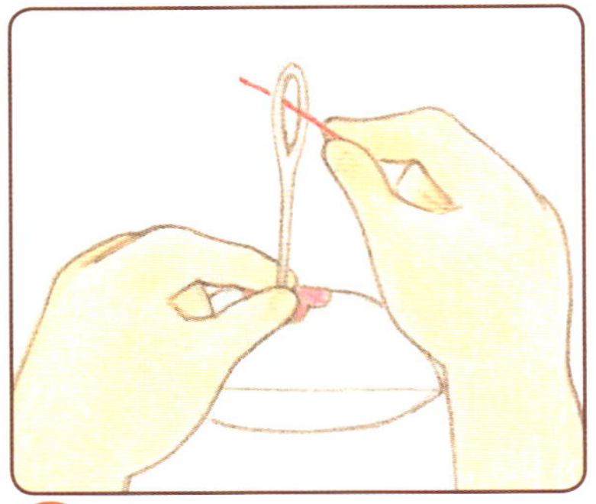

2 はりやまに　はりを
さし、おやゆびと
ひとさしゆびで　いとを
もち、あなに　とおす。

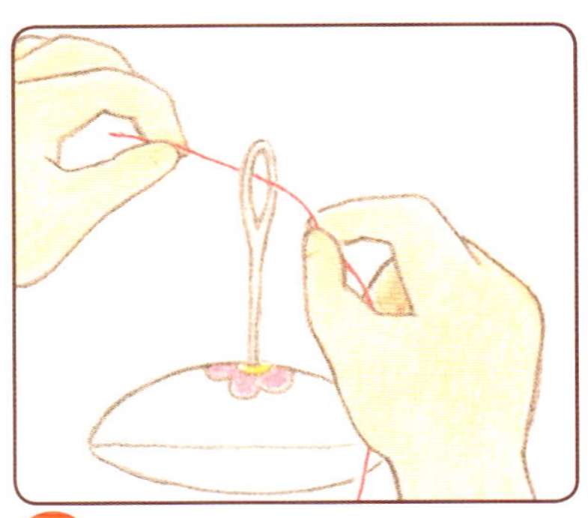

3 あなから　でた
いとを、ひだりてで
ひっぱる。

はりを つかう ときの やくそく

はりは、さきが　とがって
いるので、きを　つけて
つかおう。
こどもだけで　つかったり、
ひとに　むけたり
するのは、やめようね。

はりを　つかわない　ときは、
はりやまに　さそう。

しまう　ときは、はりやまから
はずし、ケース（けーす）に　いれよう。

おうちのかたへ

４歳ごろから徐々に始められます。まず、裁縫道具の名前と用途を話します。最初は縫い針ではなく、穴の大きな毛糸のとじ針を使いましょう。玉結びが難しいときは、糸の端に丸いシールを貼ると、シールが玉結びの代わりになります。糸は極細の毛糸を糸巻きに巻き、糸をはずすほうがわかるように色で印をつけ、青いほうから使うなどと決めておくとよいでしょう。

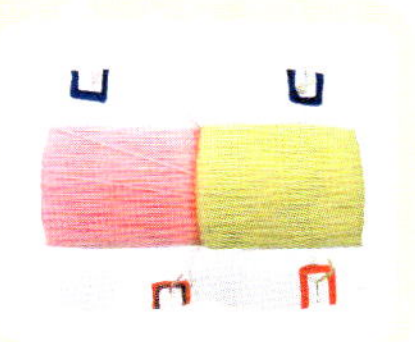

ようい する もの

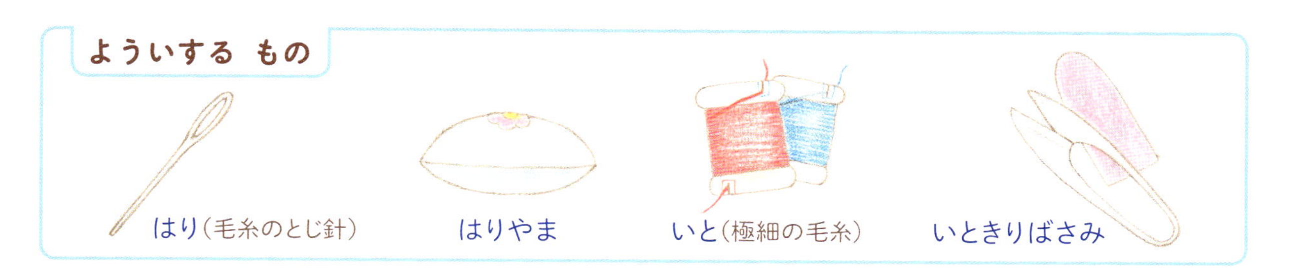

たまむすびの つくりかた

はじめに　たまむすびを　つくるよ。

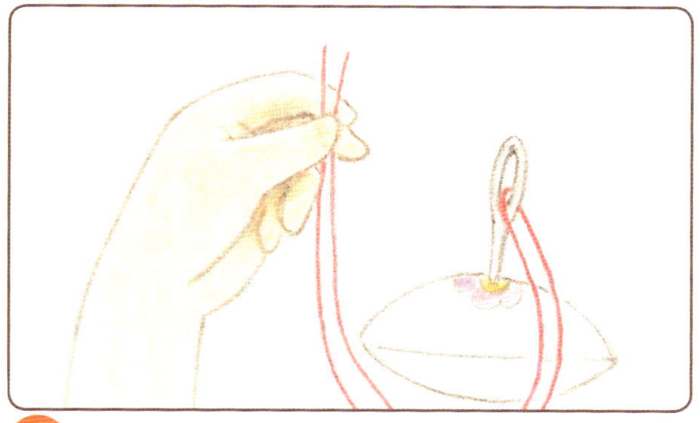

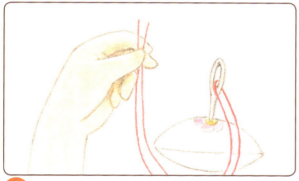

1 はりに　いとを　とおして、いとの　はしを　そろえてから、はりを　もつ。

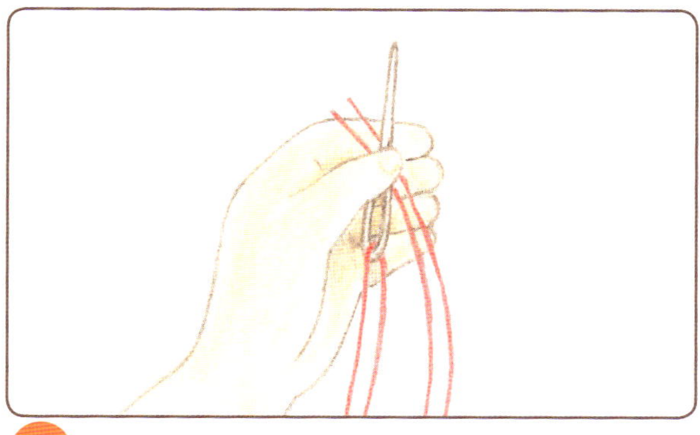

2 いとの　はしを　はりの　うえに　のせ、ひだりての　おやゆびで　おさえる。

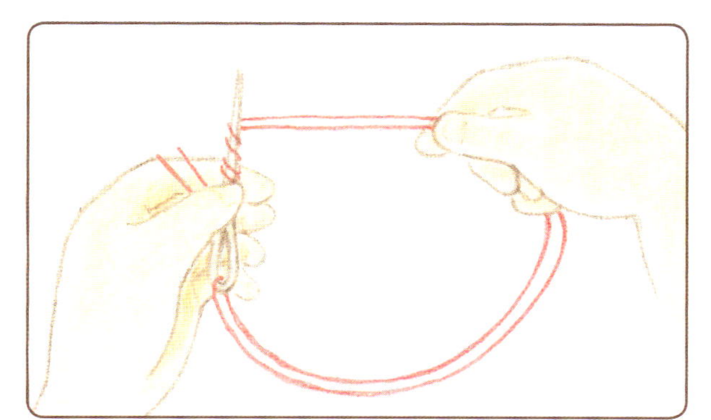

3 はりに　いとを　3（さん）かいくらい　しっかり　まきつける。

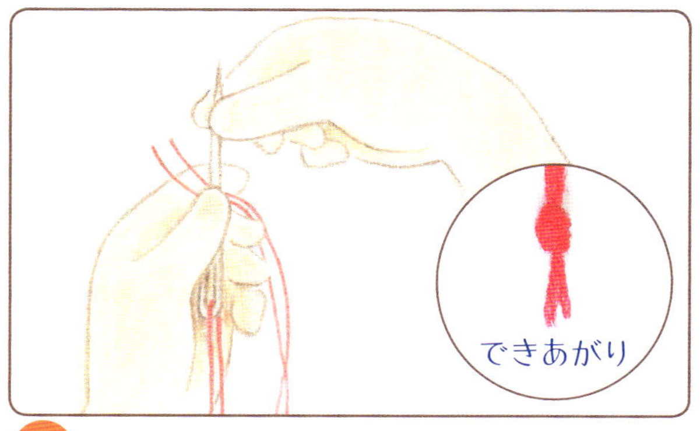

4 まきつけた　ところを　おやゆびで　おさえた　まま、はりを　ぬく。

ひる

ぬって　みよう

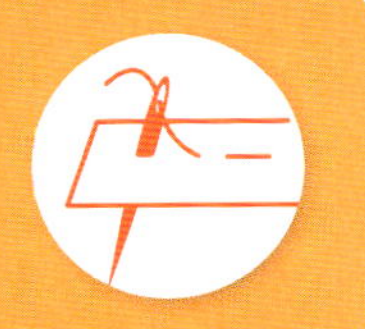

はりに　いとを　とおす　ことが　できたら、
さっそく　ぬって　みたいね

もようを　ぬって　みよう

いろがようしに、いとで　もようを
ぬって　みよう。いとの　いろは、
じぶんで　えらぼう。

（色画用紙に絵と
点を描いておく。
点は偶数にする）

はりと いとの つかいかたは、88ページ

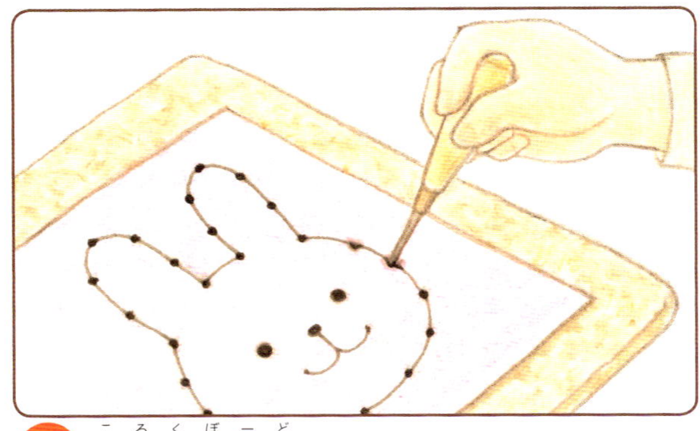

1 コルクボードに、えと　てんを
かいた　いろがようしを　のせ、
めうちで　てんに　あなを　あける。

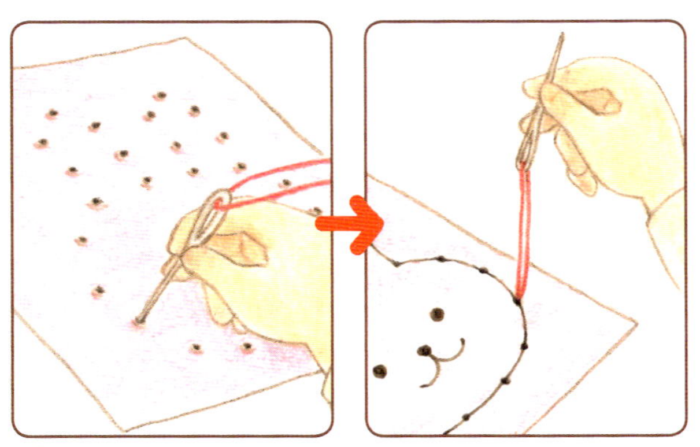

2 たまむすびを　つくり、うらから
あなに　はりを　とおす。うらがえして、
おもてから　はりを　ぬく。

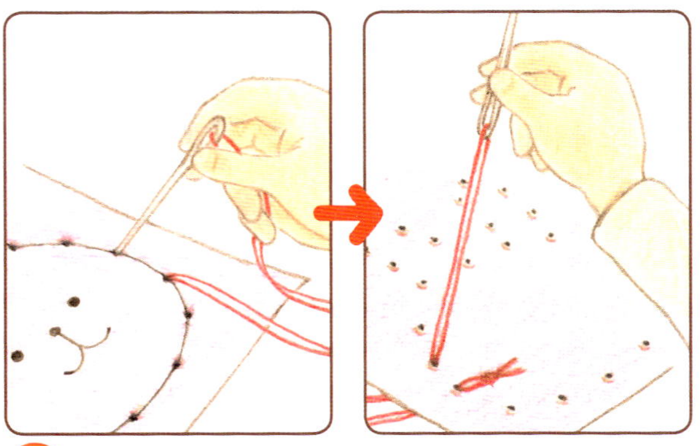

3 となりの　あなに　いとを　とおし、
うらがえして、はりを　ぬく。
これを　くりかえす。

おうちのかたへ

厚めの色画用紙に一筆で描ける図案を描き、線上に点（偶数）をつけて、縫い刺し用紙を作りましょう。縫い刺し用紙は市販のものもあります。目打ちの代わりに、押しピン（使わないときは消しゴムに刺しておくと安全）を使ってもよいでしょう。針に糸を通したり切ったりするときは、針山に刺すと両手が使えるので活動しやすくなります。針を通したら紙を裏返して、いつも針を上に引いて縫い、針先に注意するよう伝えましょう。

よういする もの

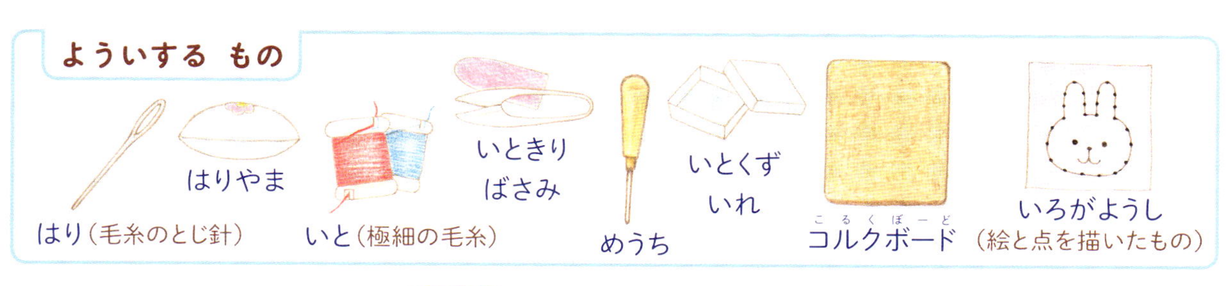

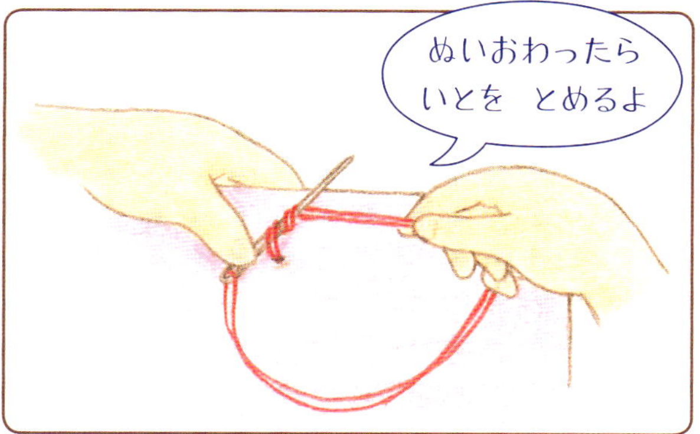

4 いとの　でて　いる　ところに、はりを あて、いとを　3かいくらい　まいて おやゆびで　おさえ、はりを　ぬく。

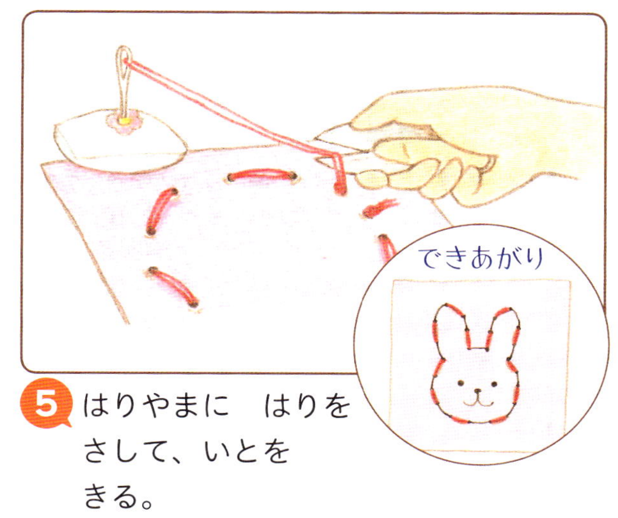

5 はりやまに　はりを さして、いとを きる。

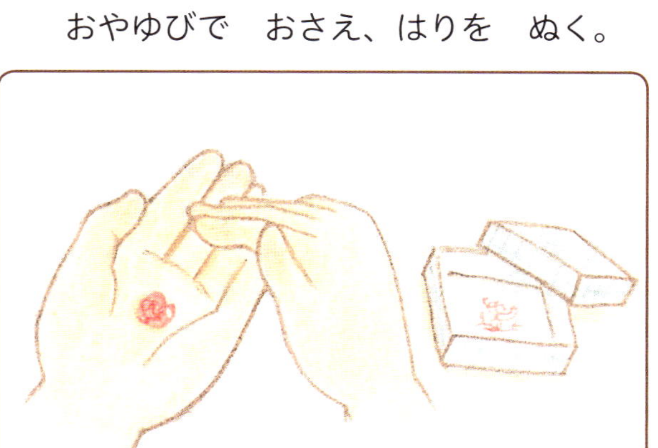

6 はりから　いとを　とり、まるめて いとくずいれに　いれる。

（糸くず入れは小さな箱を用意するとよい）

いとの　とめかた

いとを　むすぶ、セロハンテープで とめるなどの　とめかたも　あるよ。

いとを　むすぶ。
（3かいくらい）

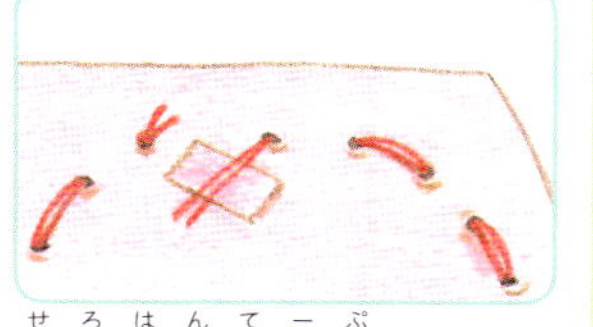

セロハンテープで
とめる。

ひる

いとや ひもで つくって みよう

いとを　とおしたり、ひもを　あんだり　して、
のれんや　ブレスレットを　つくって　みよう

ストローのれん

いろいろな　かたちに　きった
いろがようしと、ストローに
いとを　とおして　みよう。
きれいな　のれんが　できるよ。
（色画用紙とストローを切って用意しておく）

はりと いとの つかいかたは、88ページ

ざいりょう
ストロー
（短く切ったもの）
いろがようしを
きった　もの
（いろいろな形に切って、
目打ちで穴をあけておく）
いと
（極細の毛糸）

さいしょは
いろがようしを
とおそう

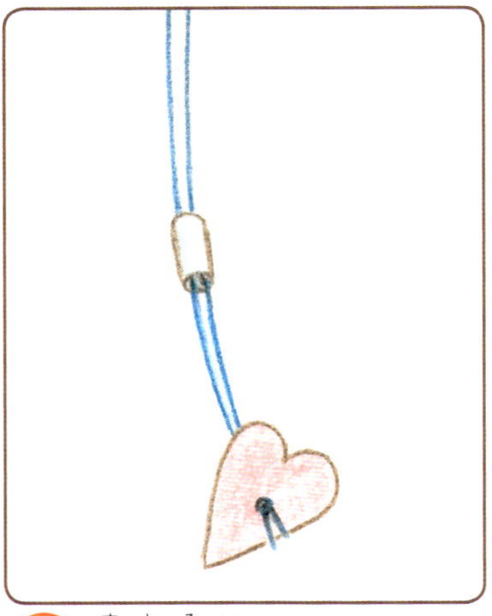

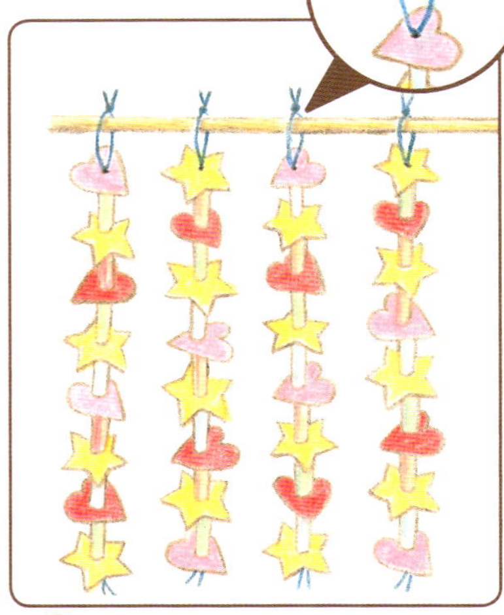

1 たまむすびを　つくり、
いろがようしに
はりで　いとを　とおす。

2 ストローと
いろがようしを
とおして　いく。

3 いとの　はしを
しばる。なんぼんか
つくって　つるそう。

おうちのかたへ

ストローのれんは材料を用意します。ストローは飛び散りやすいので、透明なポリ袋の中で切りましょう。色画用紙はハート形などに切り、目打ちで真ん中に穴をあけておきます。春は桜、秋はどんぐりなど、季節感のある図柄を考えるとよいですね。三つ編みは、親指、人差し指、中指の３本の指をよく動かす活動です。最初は太いひもで❶〜❺を練習し、満足するまで何度も編ませてあげましょう。ブレスレットをつくるときは、細いひもを使います。

みつあみブレスレット

みつあみに　ちょうせんして　みよう。
いろの　ちがう　ひもを　つかうと、
あみやすいよ。

（ひもの先をまとめてしばっておく）

ざいりょう

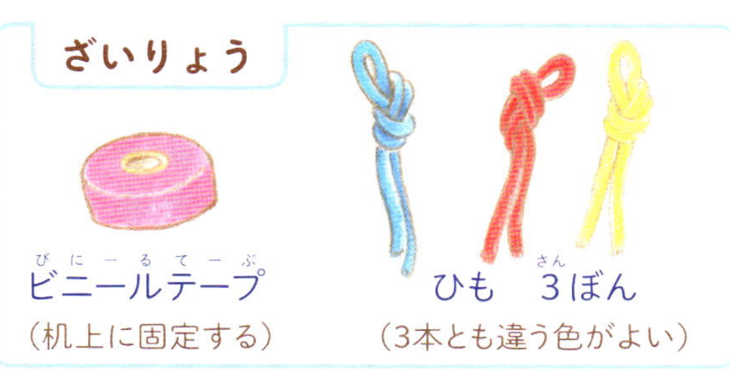

ビニールテープ
（机上に固定する）

ひも　３ぼん
（3本とも違う色がよい）

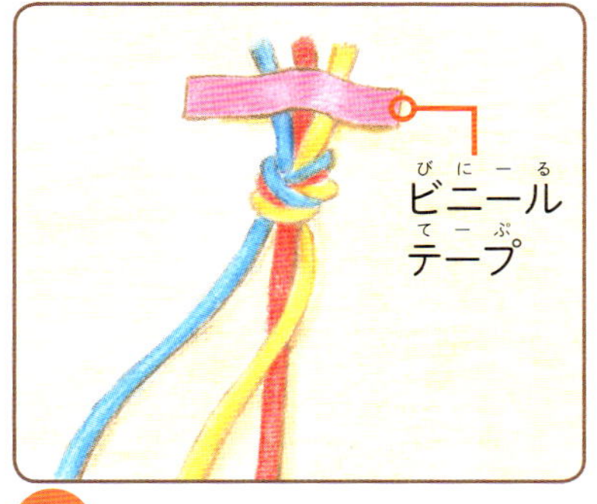

❶ きいろの　ひもを、
あかと　あおの　ひもの
あいだに　いれる。

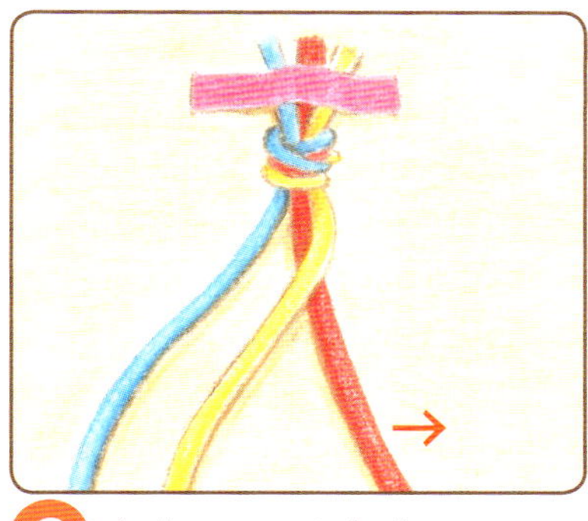

❷ あかの　ひもを
そとがわに　ひらき、
スペースを　あける。

❸ あかと　きいろの
あいだの　スペースに、
あおの　ひもを　いれる。

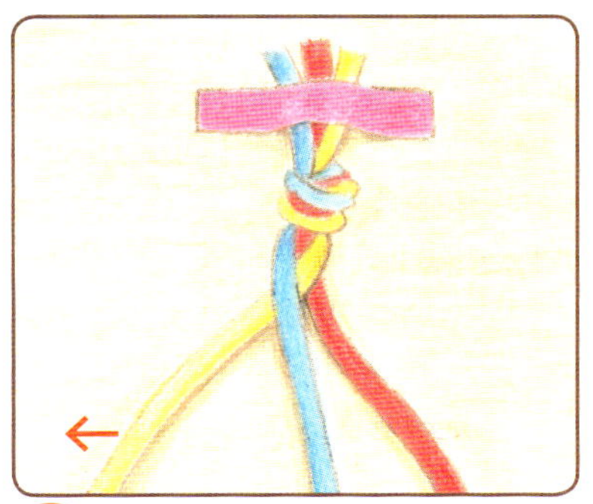

❹ きいろの　ひもを
そとがわに　ひらき、
スペースを　あける。

❺ あかの　ひもを
スペースに　いれ、
あおの　ひもを　ひらく。
❶〜❺を　くりかえす。

❻ あみおわったら、さきを
むすんで　とめ、
わに　して、また
むすぶ。

のりものに　のる　ときの　やくそく

でんしゃや　バスは、みんなが　りようする　もの。
ひとに　めいわくを　かけないように　しようね。

おりる　ひとを　まって　のる

でんしゃでは、おりる　ひとが　さきだよ。
おりる　ひとの　じゃまに　ならないように、
とびらの　まえを　ひろく　あけよう。

ならんで　まとう

ホームの　せんから
でないように、
ならんで　まとう。

ホームは　はしらない

ほかの　ひとに
ぶつかって　せんろに
おちたり、でんしゃに
あたったり　したら、
たいへんだよ。

おうちのかたへ

電車やバスは、たくさんの人が使う公共の乗り物です。ほかの人の迷惑になることをしないのはもちろんですが、自分の身の安全を守れるようになるためにも、ルールを守らなくてはいけないことを伝えましょう。

つめて　すわる

ざせきは　たくさんの　ひとが
すわれるように、つめて　すわろう。

あぶない　ことは　しない

あるきまわったり、まどから
あたまや　てを　だしたり
しない。

しずかに　せきに　すわろう

おおきな　こえで　さわいだり、ゆかに
すわったり　するのは、やめよう。
ごみは　ちらかさないように　しよう。

ゆうせんせきって　なに？

おとしよりや、からだの
ふじゆうな　ひと、
けがを　して　いる　ひと、
おなかに　あかちゃんの　いる
ひとなどに、すわって　もらう
ざせきの　ことだよ。

おはなし

ねるまでに　する　こと、ちゃんと　ぜんぶ　できるよ！

おうちのかたへ

下のお話では、晩ご飯、入浴、歯みがき、明日の準備など、寝るまでにすることを、カードにしておく方法を紹介しています。まだ終わっていないことが、一目でわかるので、自分で１つずつチェックしながら順番にすることができます。ここでは、カードに磁石を貼ったものをホワイトボードにつけ、できた日はカレンダーにシールを貼るやり方をしています。次の日は、カードをホワイトボードに貼ってから始めましょう。

あと ねるまでに
する ことは、
なあに？
うーんと
7

おふろと はみがきと
トイレ！
そっか
8

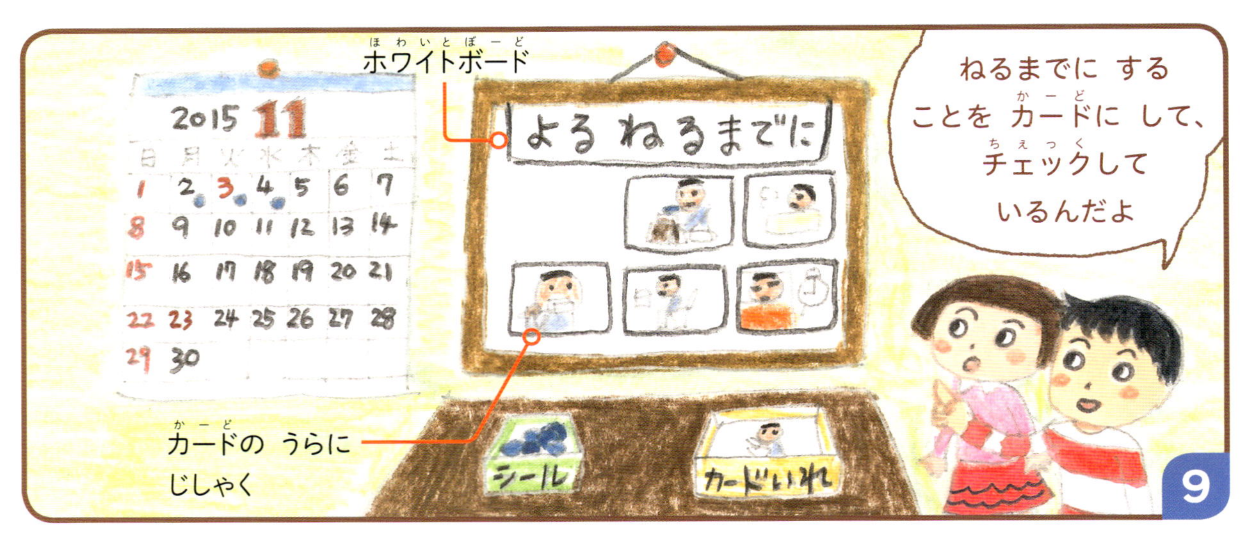
2015 11
ホワイトボード
よる ねるまでに
カードの うらに
じしゃく
シール
カードいれ
ねるまでに する
ことを カードに して、
チェックして
いるんだよ
9

おわったら
カードを
はずして、
はこに
いれるんだ
10

ぜんぶ できた ひは、
すきな シールを
カレンダーに はるんだ
2015 11
11

しばらく して

ねるまでに すませる こと

はを みがく、あしたの もちものを
よういするなど、ねるまでに
すませる ことを かんがえて みよう。
はを みがく ときに、
みずを だしっぱなしに したり、
ねる ときに、だれも いない へやの
あかりなどを つけっぱなしに したり
しないように きを つけよう。

よる

じぶんで　ふくを　えらぼう

よるの　うちに、あした　きる　ふくを
じぶんで　えらんで　おこう

てんきよほうを　みる

ふくを　えらぶ　まえに、
テレビなどで　てんきよほうを
みて　おくと　いいね。
あしたは　あついのかな？
さむいのかな？

あつい　とき

すずしい　ふくを　えらぼう。
そでの　みじかい　ふくや、
きじの　うすい　ふくが
いいね。
ひざしが　つよい　ときは、
ぼうしを　かぶろう。

おうちのかたへ

遅くとも就学前には、明日着る服を自分で選んで用意しておく習慣をつけたいですね。服を選ぶときは、子どもの意見も尊重し、「明日の天気はどうかな」などと話しながら、アドバイスをしてあげましょう。季節の変わり目などは、朝晩の気温の差が大きく、天気も変わりやすいので、脱ぎ着しやすいものを選ぶとよいでしょう。遊具を使うときは、引っかかると危険なので、長いひもやフードがついている服、マフラーは避けるようにしましょう。

さむい　とき

あたたかい　きじの
ふくを　きたり、
うわぎを　きたり　しよう。
てぶくろや　ぼうしも
あたたかいよ。

きおんが　かわりやすい　とき

ひるま　あたたかくても、
よるに　さむく　なる　ことも　あるよ。
そんな　ときは、
カーディガンや　パーカーを
もって　いると、ぬいだり　きたりが
すぐに　できて　いいね。

よる

おふろに　はいろう

おふろの　じかんは　たのしいね。
しっかり　じゅんびを　してから　はいろう

おふろに　はいる　まえに

トイレに　いこう

おふろに　はいって　いる　ときに、
トイレに　いきたく　なると
こまるよね。

トイレの　つかいかたは、
30ページ

みずを　のもう

おふろでは　あせを　かくので、
みずを　すこし　のんでから
はいろう。

いちばん　うえは
パンツ、つぎに
シャツ、パジャマ
ぬいだ　ふくは
せんたくかごへ

きる　ふくを　よういする

おふろから　でた　あと、すぐに
きられるように、ふくを　よういして　おく。
きる　じゅんばんに　かさねて　おこう。

おうちのかたへ

親子でお風呂の時間を十分楽しんでください。お風呂で体をきれいにすることが気持ちいいと感じれば、入浴が好きになるでしょう。成長とともに、家以外のお風呂に入る機会も増えてくるので、入浴時のマナーもきちんと伝えておきましょう。入浴前後に飲む水は、冷えたものではなく常温の水をおすすめします。子どもの寝つきが悪い場合には、寝る少し前に入浴して体を温めるとよいでしょう。

おふろの　なかで

ゆぶねに　はいる　まえに

ゆぶねが　よごれて　しまうので、はいる
まえに、おしりと　またを　あらおう。
タオルは　ゆぶねの　そとに　おこう。

ふざけると　あぶない

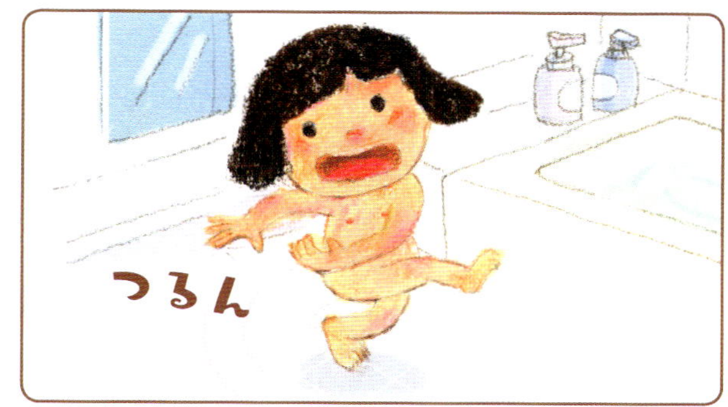

おふろばは　すべりやすいので、
ふざけるのは　やめよう。ころんで
しまうと　あぶないよ。

おふろから　あがったら

ぬれた　まま　あるかない

すぐに　からだを　ふいて　ふくを
きよう。ぬれた　ままだと、からだが
ひえて　しまうよ。

みずを　のもう

たくさん　あせを　かいて、すいぶんが
たりなく　なって　いるよ。コップ
1ぱいの　みずを　のむように　しよう。

よる

あたまを　あらおう

あたまが　かゆく　ならないように、
かみのけだけで　なく、じはだも　しっかり　あらおう

あたまの　あらいかた

おふろに　はいる　まえに、ブラシ（ぶらし）で
かみのけを　とかして　おこう。

かみのけの
ながい　ひとは、
ゴム（ごむ）を　もって
はいろう

かみのけの　とかしかたは、20ページ（ぺーじ）、
むすびかたは、21ページ（ぺーじ）

じはだは
あたまの
ひふの　ことだよ

1 おゆで　かみと　じはだを
しっかりと　ぬらす。

シャンプ

2 てのひらに　シャンプー（しゃんぷー）を　とって、
あわだてる。

ゆびの　はら

3 シャンプー（しゃんぷー）を　あたまに　つけて、
じはだを　ゆびの　はらで
もむように　あらう。

おうちのかたへ

髪だけでなく、地肌を指のはらでよく洗うことを伝えましょう。頭の後ろや耳の後ろは洗いにくいので、慣れるまで手助けしてあげてください。髪の毛がからみやすい場合は、コンディショナーを使うとよいでしょう。また、目にシャンプーが入ったら、すぐに流水で洗い流してください。耳に水が入ったら、頭を傾けて水を出し、必ず大人に伝えるように話しておきましょう。就学前までには、自分で洗えるようになるとよいですね。

シャンプー（しゃんぷー）が　めに
はいって　しまったら、
すぐに
あらいながそう

4 あわが　おちるまで、かみのけを
しっかり　あらいながす。

5 みずけを　きってから、かみのけの
さきに　コンディショナー（こんでぃしょなー）を　つける。

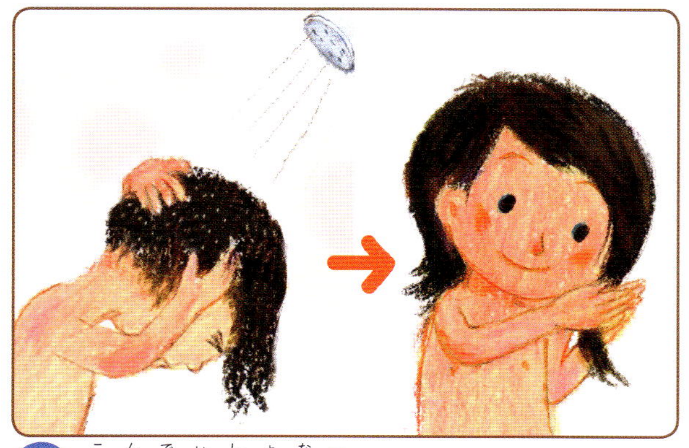

6 コンディショナー（こんでぃしょなー）を　あらいながし、
てで　みずけを　きる。

7 かみのけの　ながい　ひとは、おゆに
つからないよう　ゴム（ごむ）で　むすぼう。

よる

からだを　あらおう

まいにち　おふろに　はいって　よごれを　おとそう。
おふろで　ながすと　さっぱりするね

からだの　あらいかた

あごの　したから
あしの　うらまで、
のこさず　きれいに
あらおう。

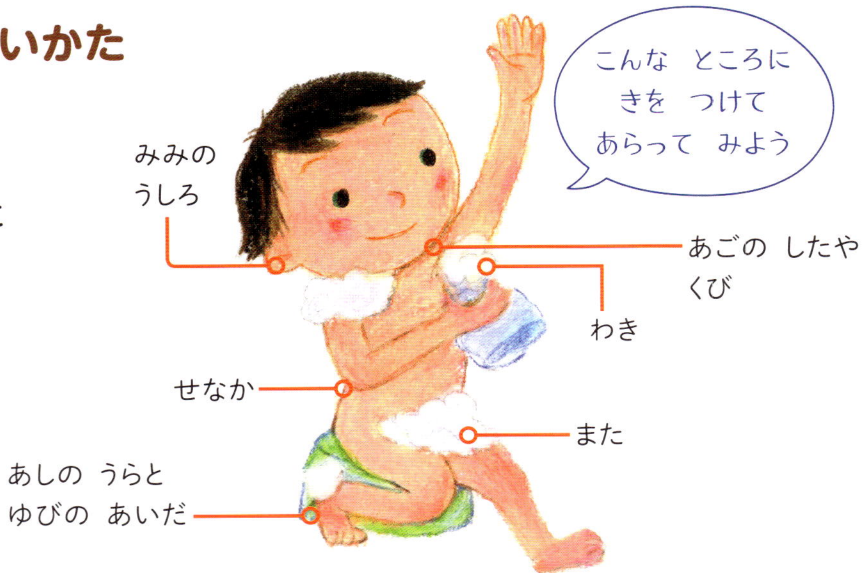

1 おゆで　からだを　しっかり　ぬらす。

2 ぬらした　タオル（たおる）に　せっけんを
つけ、こすって　あわだてる。

おうちのかたへ

4〜5歳くらいからひとりで体を洗えるように、洗い方をやってみせ、サポートしてあげてください。洗い忘れやすいところも一緒に伝えましょう。化学繊維のスポンジよりも、ガーゼや綿のタオルを使うことをおすすめします。風呂場の中で軽く体を拭いてから出ると、湯冷めをしにくくなります。また、バスマットをびしょぬれにしないですむので、次の人も気持ちよく使うことができます。

3 あわだてた　タオルで、からだを
やさしく　こする。つよく　こすると、
はだが　いたんで　しまうよ。

4 おゆで　あわを　しっかりと
ながす。

5 おゆを　いれた　せんめんきで、
タオルを　すすいで　しぼる。

しぼりかたは、42ページ

しぼった　タオルで
かるく　からだを
ふいてから
でよう

6 ふろばの　なかで、かるく　からだを
ふいて　おく。ふろばから　でたら、
バスタオルで　しっかり　ふく。

よる

きょうの　おわりに

きょう　あった　こと、あした　する　ことを、
ねる　まえに　かんがえて　みよう

あしたの　じゅんびを　しよう

ようちえんや　がっこうでは、
あしたは　どんな　ことを
するのかな？
なにが　ひつようかを
かんがえて、もちものや
きる　ものを　そろえよう。

ふくの　えらびかたは、100ページ

あしたの　もちものカード

でかける　ときに　もって　いく　ものを、
カードに　かいて　みよう。
（カードは「これから」の箱に入れておく）

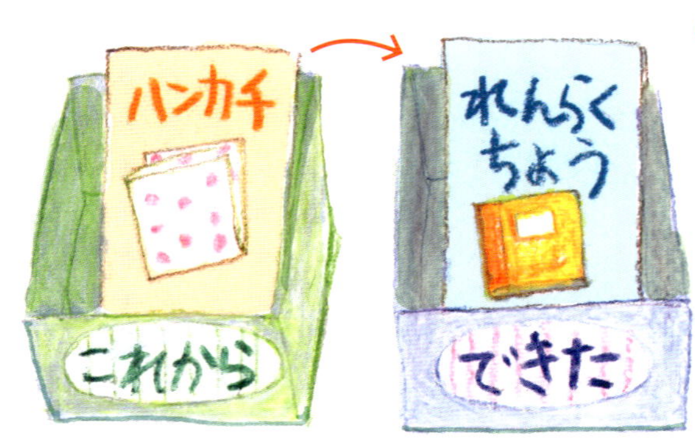

① 「これから」の　はこの　カードを　みて、
もちものを　かばんに　いれる。

② カードを　「できた」の　はこに　うつす。
「これから」の　はこが　からに　なれば、
わすれものが　なくなるね。
がっこうの　きょうかしょは、
じかんわりを　みて　そろえよう。

おうちのかたへ

明日の準備をすることで、明日を楽しみにする気持ちが生まれ、段取りよく物事を進める力が身につきます。持ち物を絵に描いて、「明日の持ち物カード」を作ってみましょう。「これから」「できた」と書いた箱を用意し、カードは「これから」の箱に入れておきます。耳を澄ます練習は、自分の気持ちを抑制し、自分の心に目を向けることにつながります。気持ちよく眠れるように、寝る前に子どもと話をする時間をつくりましょう。

きょう　あった　ことを　はなそう

きょうは、ようちえんや　がっこうで　どんな　ことが　あったかな。
おうちの　ひとに　おはなしして　みよう。

みみを　すまして　みよう

ねる　まえに、めを　つぶって、しずかに　する　じかんを　つくろう。
どんな　おとが　きこえるかな、どんな　ことを　かんがえたかな。
おうちの　ひとと　おはなしして　みよう。

（目をつぶるときは、30秒くらいから始め、少しずつ時間を長くしていく）

学校
せいかつ

おはなし

ともだちに　やさしく　できるよ！

たけしくんは　小学１年生。
きょうも　げんきに　学校へ　いきます。
あれ、ひろしくんだ
1

おうちのかたへ

困っている友だちがいたら、「だいじょうぶ？」「どうしたの？」と、声をかけてあげられるようになってほしいですね。普段から大人が見本を見せてあげることが大切です。人に親切にするということは、意外と勇気のいることです。申し出を断られたり、周りの人に冷やかされたりすることがあるかもしれません。子どもの気持ちをきちんと受け止めて、友だちを思いやる心を大切に育ててあげてください。

えりちゃん
おはよう
うで、
どう したの？
ほねを おって
しまって……
6

にもつ もって あげるって
いおうかな。よけいな おせわ？
ことわられたら はずかしいな
7

にもつ おもそうだなあ。
やっぱり きいて みよう
8

にもつ もって
あげようか
うれしい、ありがとう。
おもかったの
9

きいて みて よかった
10

こまった ことが あったら

きょうかしょを　わすれた、プリント(ぷりんと)が
たりない、こんな　とき　どう　する？
だまって　いても、こまった　ことは
なくならないよ。
先生(せんせい)に　こまって　いる　ことを
きちんと　つたえよう。ともだちが
こまって　いたら、「どう　したの？」と
こえを　かけて　あげよう。

学校(がっこう)せいかつ

あいさつや　へんじを　きちんと　しよう

きちんと　あいさつできると、
じぶんも　あいても　きもちが　いいよね

あいさつを　しよう

あさ　先生(せんせい)に　あったら、
おじぎを　して、
「おはよう　ございます」と
いおうね。先生(せんせい)の　ことは、
「○○先生(せんせい)」と、「先生(せんせい)」を
つけて　よぼう。

おじぎの　しかた

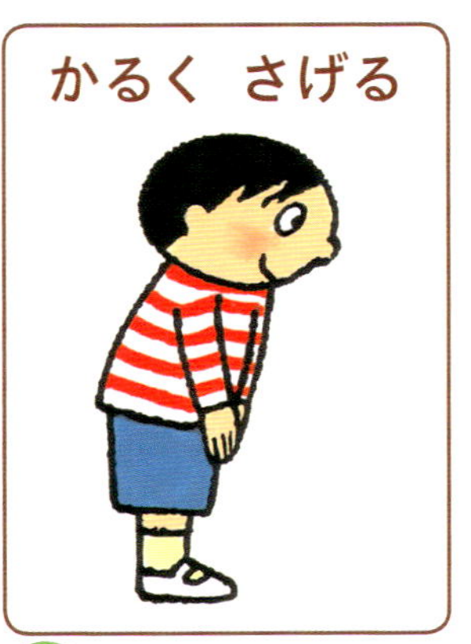

1 あいての　目(め)を　ちゃんと　みる。
せすじを　のばし、足(あし)を　そろえて、
まっすぐに　たつ。
りょうては　しぜんに　おろす。

2 りょうてを　ももの　上(うえ)に
うごかして、あたまを　ゆっくり
さげる。ていねいに　する　ときは、
ふかく　さげよう。

おうちのかたへ

入学前に、小学校へ通う楽しみのひとつとして、おうちのかたと一緒に、先生への挨拶や返事を練習してみてください。何度も声に出していうと、だんだん大きな声ではっきりといえるようになってきます。先生への接し方も、話しておきたいですね。また、小学校では新しい友だちに自己紹介をすることもあるので、おうちのかたと順番に自己紹介しあってみてもよいでしょう。好きなものや興味のあることなど、自分のことを考える機会になります。

先生(せんせい)に　よばれたら

先生(せんせい)に　なまえを
よばれた　ときは、
手(て)を　まっすぐに　あげて、
「はい」と　へんじを　しよう。
へんじは　あいてに
きこえるように、
おおきな　こえで
はっきりと　いおうね。

じこしょうかいを　する　とき

じこしょうかいを　する　ときは、
まず、じぶんの　なまえを
いおう。じぶんの　ことは、
「ぼく」「わたし」と　いおうね。
じぶんの　すきな　ことや、
とくいな　ことなどを
つたえよう。

学校せいかつ

ていねいな　ことばを　つかおう

じゅぎょうちゅうや　目上の　人には、ていねいな
ことばを　つかって　はなそう

ていねいな　ことば

ことばの　さいごに「です」や「ます」を　つけると、ていねいな
いいかたに　なるよ。おわった　ことには、「でした」や「ました」を　つけるよ。

です

ます

でした

ました

おうちのかたへ

授業中や先生、目上の人には、敬語を使います。敬語は、「です」「ます」をつけて話すことから、始めてみてください。「どんなときに丁寧な言葉を使うのかな」などと子どもに話しながら、場所や相手によって使う言葉が違ってくることを伝えていきましょう。相手を敬う気持ちをこめていえるようになるためには、日頃から大人が気持ちをこめて丁寧に話す姿を見せることが大切です。

おねがいを　する　とき

おねがいを　する　ときは、ていねいな　いいかたを　こころがけ、
して　ほしい　ことを、きちんと　つたえようね。
なにか　して　もらったら、「ありがとう　ございました」と
おれいを　いおう。

おねがいします

〜ください

〜しても　いいですか？

じゅぎょうでの　やくそく

1年生に　なったら、先生や　ともだちと　いっしょに
きょうしつで　べんきょうするんだよ

先生の　はなしを　きく

先生が　はなしを　して　いる
ときは、先生の　かおを　みて、
はなしを　きこう。
よそみや　おしゃべりを
しては　いけないよ。
せすじを　のばして、
よい　しせいで　きこう。

ともだちは「さん」「くん」で　よぶ

じゅぎょうちゅうに、はなしあいを
する　ときは、ともだちにも
ていねいな　ことばで　はなそう。
よびすてに　したり
あだなで　よぶのも　やめよう。

おうちのかたへ

学校は勉強をするところです。誰かが教室を歩きまわったり、授業中に騒いだりしていては、勉強に集中できません。よりよい環境で、みんなで楽しく勉強をするために、授業を受けるときには、さまざまな約束ごとがあることを伝えましょう。授業中に人の話をよく聞いて、自分の意見をきちんと発言できるようになってほしいですね。日頃から子どもの話をよく聞き、説明をするときは明確で簡潔に話すなど、大人が見本を見せてあげてください。

はっぴょうを　する　とき

手（て）を　あげる　ときは、うでを
のばして　まっすぐに　あげよう。
じゅぎょうちゅうに
はっぴょうを　する　ときは、
みんなに　きこえるように、
おおきな　こえで、
はっきりと　はなそうね。

はっぴょうを　きく　とき

ともだちの　はなしを
きちんと　きこう。
ともだちの　はっぴょうの
とちゅうで、じゃまを
しないように　しよう。

学校せいかつ

しょくいんしつに いく とき

しょくいんしつは、先生たちが いる ところ。
きちんと あいさつを してから はいろう

しょくいんしつに はいる とき

1 ドアを ノックしてから あける。

2 「しつれいします」と いって、おじぎを する。

おじぎの しかたは、114ページ

3 「○○先生は、
いらっしゃいますか？」と きく。

4 ドアの ほうを むいて、
ドアを ていねいに しめる。

おうちのかたへ

職員室は、先生方が仕事をしている場所です。職員室に用事のあるときは、きちんとあいさつをして礼儀正しく入ることを伝えましょう。職員室では騒いだり、机のものなどを勝手に触ったりしないようにしましょう。また、職員室に担任の先生がいなくても、困ったことやわからないことがあったら、周りの先生に尋ねれば大丈夫だということも、話してあげてください。

しょくいんしつで

ようじの　ある　先生(せんせい)の　ちかくに　いって　はなす。
ようじが　すんだら、すぐに　でよう。

しょくいんしつでは、
おおきな　こえで
はなしたり、
さわいだり　するのは
やめようね

しょくいんしつから　でる　とき

1 ドア(どあ)を　あけて、
「しつれいしました」と　いってから、
おじぎを　する。

2 ドア(どあ)を　しめる。おおきな　おとを
たてないように、ていねいに
しめよう。

学校(がっこう)せいかつ

みんなで きょうりょくする こと

きゅうしょくの　じゅんびや　きょうしつの
そうじも、みんなで　いっしょに　するよ

きゅうしょくとうばん

きゅうしょくとうばんは、
きゅうしょくを　じゅんびする
かかりだよ。
はくいや　ぼうし、マスク(ますく)を
つけて、ごはんや　おかずや
ぎゅうにゅうを　くばるんだ。

きょうしつの そうじ

ほうきと　ちりとりで　ごみを
とって、ぞうきんで　つくえや
ゆかを　ふくよ。
おおきな　きょうしつも
みんなで　きょうりょくすれば、
きれいに　なるよ。

📖 ふきんの つかいかたは、40ページ(ぺーじ)、
ほうきの つかいかたは、87ページ(ぺーじ)

おうちのかたへ

学校では行事だけでなく、日常生活においても、みんなで協力して給食の準備やそうじなどをします。おたがいに相手の気持ちを考えながら、ルールを守り、力をあわせていろいろなことを成し遂げることを学びます。また、教室だけでなく、廊下や階段などでは、人に迷惑をかけないことが大切です。家で手洗い場やトイレを汚したら、紙で拭き取るなど、きれいにする方法をやってみせてあげてください。

みんなで　つかう　ばしょでの　やくそく

いえとは　ちがって、学校は　みんなで　つかう　ばしょだよ。
みんなが　きもちよく　つかえるように、ルールを　まもって　つかおう。

ろうか

ろうかは、はしらず、みぎがわを
あるくように　しよう。ほかの　人に
ぶつかったり　すると　あぶないよ。

よこに　ひろがって　あるくのは
やめよう。たくさんの　人が　とおるので、
めいわくに　ならないように　しよう。

手あらいば

じゃぐちや　ながしが　よごれたら、
水で　ながし、きれいに　して　おこう。
ごみは　ひろって　すてよう。

トイレ

はいる　まえには　ノックを　しよう。
トイレを　よごして　しまったら、
かみで　ふきとって　おこう。

ともだちの　いえに　いく　ときの　やくそく

ともだちの　いえに　いく　ときは、
どんな　ことに　きを　つけたら　いいかな？

でかける　まえに

おうちの　ひとに、
だれと　どこで　あそぶのか、
なんじに　かえるのかを、
きちんと　つたえて　おこう。

ひろくんちへ
いって　きます。
5じに　かえります

いえに　ついたら

1 ドアの　チャイムを　ならそう

ともだちの　いえに　ついたら、
チャイムを　ならそう。
だまって　はいっては　いけないよ。

2 あいさつを　しよう

ともだちと　おうちの　ひとに、
「こんにちは」と　あいさつしよう。
「どうぞ」と　いわれたら、
「おじゃまします」と　いって　はいろう。
くつは　そろえて　ぬごうね。

くつの　おきかたは、46ページ

おうちのかたへ

小学校へ入ると、友だちの家へ子どもだけで行くこともあるでしょう。子どもが出掛けるときは、誰とどこで遊ぶのか、何時までに帰るのかを必ず親に伝えるように約束させてください。

おやつを だして もらったら

おれいを いおう

「ありがとう　ございます」と　いって、おれいの　きもちを　つたえよう。「いただきます」「ごちそうさま」の　あいさつも　わすれずに。

かえる とき

1 かたづけて かえろう

かえる　まえに、あそんだ　ものを　いっしょに　かたづけよう。

2 あいさつを しよう

かえる　ときは、おうちの　ひとにも、「おじゃましました」と　ちゃんと　あいさつしよう。

さくいん

★しらべたい　ことが　あったら、この　ページを　みよう

あとがき

笑顔で子育てしたいのに、気がつけば「なんでできないの？」「よけいなことをしないで！」と毎日どなりっぱなし、イライラしてしまうのは、なぜでしょうか。

子どもは誰かに教えられなくても、生まれてすぐに手を伸ばして何かをつかもうとし、やがて寝返りを打ち、歩き始めます。それが自然な発達のプログラムで、親はその姿に感動したはずです。でも、子どもが４～６歳ごろになると、すっかりその感動を忘れ、目の前の子どもの発達を見ないで、大人の理想を押しつけようとするところに、うまくいかない原因があります。大人が理解できない子どもの行動には、成長に必要な意味が隠されていることも多いのです。

モンテッソーリの子どもの見方、援(たす)け方は決して難しいものではありません。本書に記載した、ちょっとした工夫や働きかけ次第で、思いがけない子どもの姿が見えてくるものです。今まで無気力だった子どもが「やってみる！」と意欲的になったり、できないと思い込んでいたことが、やらせてみると「できた！」という笑顔につながったり、といったご報告をたくさんいただいています。

大切な幼児期に思う存分手を使い、思うままに筋肉をコントロールできるということは、自己抑制ができるということでもあり、自律や意志の力を育てます。それが自分で考え、問題を解決していく力にもつながっていきますので、小学校生活への不安もなくなることでしょう。

本書が、楽しく喜びに満ち溢れた、毎日の生活につながるヒントとなれば幸いです。幸せな親子関係を築く一助になることを願ってやみません。

田中昌子

もっとモンテッソーリ教育を学びたいかたへ

本書は、モンテッソーリ教育をヒントに、家庭でもできる子どもへの働きかけのコツや、サポートのしかたを提案しています。モンテッソーリ教育のことをさらに学びたいかたに、オススメの本をご紹介します。

★オススメの本

『モンテッソーリの幼児教育　ママ、ひとりでするのを手伝ってね！』（相良敦子著／講談社）
『幼児期には２度チャンスがある　復活する子どもたち』（相良敦子著／講談社）
『お母さんの工夫　モンテッソーリ教育を手がかりとして』
（相良敦子・田中昌子共著／文藝春秋）

監修・田中 昌子　たなか まさこ

上智大学文学部卒。２女の母。日本航空株式会社勤務後、日本モンテッソーリ教育綜合研究所教師養成通信教育講座卒。同研究所認定資格取得。東京国際モンテッソーリ教師トレーニングセンター卒。国際モンテッソーリ教師ディプロマ取得。2003年より、日本全国及び海外から参加可能なIT勉強会「てんしのおうち」主宰。モンテッソーリで子育て支援 エンジェルズハウス研究所（AHL）所長。モンテッソーリ教育の第一人者、相良敦子氏との共著に『お母さんの工夫　モンテッソーリ教育を手がかりとして』（文藝春秋）がある。

AHLホームページ　https://www.montenshi.jp/

[編集・構成] 小熊雅子（オフィス303）

[装丁・本文デザイン] 淺田有季（オフィス303）

[装画] 杉浦さやか

[本文おはなし絵] 細川貂々

[本文イラスト]

つがねちかこ（p14-27）、中川貴雄（p28-39）、
えだかのん（p44-47、p.50-57）、
おぜきせつこ（p60-71）、井上文香（p72-79）、
たかしまなおこ（p82-93）、
まつながあき（p100-109）、
スギヤマカナヨ（p114-123）、
さかもとすみよ（マナーとルール）、メイヴ（見返し）

[図版] 上薗紀耀介、原 聡実（オフィス303）

[写真] エンジェルズハウス研究所、
土屋貴章（オフィス303）、フォトライブラリー

親子で楽しんで、驚くほど身につく！
こども せいかつ百科

2015年11月18日　第１刷発行
2020年４月14日　第６刷発行

編　講談社
監修　田中昌子
発行者　渡瀬昌彦
発行所　株式会社　講談社
〒112-8001　東京都文京区音羽2-12-21
電話　（編集）03-5395-3534
（販売）03-5395-3625
（業務）03-5395-3615

印刷所　共同印刷株式会社
製本所　大口製本印刷株式会社

ISBN978-4-06-219798-4　N.D.C.376　127p　24cm

ねる じかんと とけいの はりを かこう

キリトリ線